世纪波
Century Wave

U0839954

2010-10-30稻盛和夫青岛论坛

2011-6-8首都机场新书发布仪式照片

2012-6-3稻盛和夫重庆报告会照片

2012-6-3全国各地理事长与稻盛塾长大合影

心灵管理

〔日〕稻盛和夫 著
曹岫云 编译

電子工業出版社
Publishing House of Electronics Industry
北京·BEIJING

图书在版编目（CIP）数据

心灵管理 /（日）稻盛和夫著；曹岫云编译. —北京：电子工业出版社，2013.4
ISBN 978-7-121-19878-6

Ⅰ. ①心… Ⅱ. ①稻… ②曹… Ⅲ. ①企业管理－经验－日本 Ⅳ. ①F279.313.3

中国版本图书馆 CIP 数据核字（2013）第 052461 号

责任编辑：晋　晶
文字编辑：吴亚芬
印　　刷：三河市双峰印刷装订有限公司
装　　订：三河市双峰印刷装订有限公司
出版发行：电子工业出版社
北京市海淀区万寿路 173 信箱　邮编 100036
开　　本：880×1230　1/32　印张：7.25　字数：101 千字　彩插：2
版　　次：2013 年 4 月第 1 版
印　　次：2020 年 9 月第 4 次印刷
定　　价：48.00 元

凡所购买电子工业出版社图书有缺损问题，请向购买书店调换。若书店售缺，请与本社发行部联系，联系及邮购电话：（010）88254888，88258888。
质量投诉请发邮件至 zlts@phei.com.cn，盗版侵权举报请发邮件至 dbqq@phei.com.cn。
本书咨询联系方式：（010）88254199，sjb@phei.com.cn。

总 序

日本京瓷名誉会长

稻盛和夫

从1959年至今长达半个世纪内，我创建并经营了京瓷和KDDI两个企业集团。很幸运，这两个集团都取得了长足的发展。现在这两家的业绩简单加算，销售额达4.7万亿日元，利润逼近6 000亿日元。

另外，2010年，我接受日本政府的邀请，就任代表国家形象的、破产重建的日本航空公司的董事长。在重建过程中，我着力于经营干部的意识转变，以及企业体质的改善。这样努力的结果，第一年就取得了可喜的成果，业绩大幅超过了重建计划中预定的数字。现在日本航空的利润率已达到两位数以上，正在变成一个高收益的企业。

取得这些成就，原因不过是在企业经营中，我彻底地贯彻了经营的原理原则而已。那么所谓原理原则是什么呢？那就是“贯彻做人的正确准则”。我在必须做出经营判断的时候，总要扪心自问：“作为人，何谓正确？”坚持把作为人应该做的正确的事情以正确的方式贯彻到底。

或许有人认为，这样的经营要诀未免太简单、太朴实了。但是，正因为贯彻了这条原理原则，我自己，以及继承我工作的京瓷和 KDDI 的经营干部，才没有在经营判断上发生过失误，才使企业顺利地成长发展到今天。

我的经营哲学还有另一个侧面。那就是：立足于宇宙的本源及人心的本源来展开经营活动。

我认为，在这个宇宙间，流淌着促使万物进化发展的“气”或“意志”。同时我认为，人的本性中充满着“爱、真诚与和谐”。所谓“爱”，就是祈愿他人好；所谓“真诚”，就是为社会为世人尽力；所谓“和谐”，就是不仅让自己也要让别人生活幸福。

我们每个人都以充满着“爱、真诚与和谐”之心去生活、去工作，那就意味着与引导万物向好的方向发展的宇宙潮流相一致，这样我们的经营就会顺畅，人生就会美满。这就是我在将近80年漫长的人生中坚信不疑的“真理”。

面对中国的经营者和企业干部、政府官员和大学学者，以致一般市民，我都从原理原则讲起，涉及人的本性和宇宙的本源，阐述经营和人生的要诀，获得了人们广泛的赞同。

近来，我的系列书籍在中国出版发行，作为著者，我衷心希望，从人和宇宙的本源谈起的我的哲学，能够跨越国界、民族和语言的障碍，到达广大的中国男女老少的手中，为让他们的人生更美好、经营更出色，做出我的一份贡献。同时，如果这对促进中日两国的友好关系也能助上一臂之力的话，那就是我的望外之喜了。

在本书出版之际，请允许我对为出版本书做出不同寻常努力的稻盛和夫（北京）管理顾问有限公司的曹岫云董事长，以及很爽快地为本书提供资料的中国和日本的有关企业家表示深切的谢意。

推荐序一

兑现精彩人生，造就伟大公司

稻盛和夫先生说：“生命中的贵人决定你的人生。”曹岫云老师就是我生命中的一位贵人，是我的良师益友。与曹岫云老师相识缘于一个偶然的契机，我邀请曹老师来家里做客，随后又相约一起去浙江大学及海航参观。一路深谈，曹老师向我传递了稻盛先生经营哲学的精髓，而这些并不在书本的文字里，完全源于曹老师多年来与稻盛先生亲近接触的切身感触。

稻盛先生曾提出一个问题：“为什么变色龙皮肤的

色彩会随着周边环境的改变而改变？除了物竞天择，背后的道理是什么？”稻盛和夫先生认为一切事物都有意识：“境由心造”。心灵中已规划好的理想蓝图一定能成为现实。只有怀着渗透到潜意识的强烈而持久的愿望，才可以拓展经营，成就梦想。其实这正是伟大的唐玄奘大师17年西行取经所带回来的“种子”的奥义，“所有的种子播种的都是命运，你心灵播种的种子创造了你的世界”。稻盛先生一生笃信佛法，他真正将玄奘大师“种子”的理论应用于企业经营，并在半个多世纪的经营历程里总结成经营哲学，通过自身践行，传承他人，缔造了“京瓷”及“第二电电”两个世界五百强企业，并帮助日航迅速摆脱经营危机，绝地重生。这一切都真实地验证了稻盛经营哲学的力量。

在稻盛经营哲学里“提高心性及拓展经营”被完美地结合起来。人世间，最难的莫过于管理自己，而管理自己，最难的莫过于管理心灵。心灵是看不见、摸不着的。但这个看不见、摸不着的心灵却主宰着我们一生的得失。只有纯净的心灵才能产生正见正知，才能做正确的事和正确做事。

一直以来，人们通过欲望及烦恼，以各种蓄意的、负面的行为开展经营活动，却心存侥幸期盼收获丰盛的果实。先贤的智慧揭示："一切错误源于错误的认知"，由错误的认知和判断而开展的经营活动都只会走向败局。所以，传承先贤的智慧，总结出真正的经营哲学，透过问题的表面，看到背后的实相，才能真正断除导致失败的原因，在正确的经营哲学指导下，使企业走向真正的成功。

稻盛经营哲学强调："物有本末，事有终始。"企业家个人的格局决定了企业的命运，就像螃蟹只会按自己壳的大小去挖洞一样。对于经营者人格修养与企业效益同时提升的现象，稻盛先生用"提高心性，扩展经营"来总括。书中提到的西乡南洲就是这样一位伟大的人物，他正是通过不断地提高心性，耕耘心灵的花园，最终绽放璀璨的生命之花，成就卓越。

“心灵的种子与你最深的动机是一致的。”企业家们应该向稻盛先生学习，每日不断醒觉自己最深的经营动机，这个习惯将决定一切！稻盛先生创立 KDDI 初期，从陶瓷到电信业，隔行如隔山，困难重重；但稻盛先生首先考虑的不是困难及拓展业务的解决方案，而是不断反省自己的创业动机。每晚睡前，稻盛先生扪心自问：“参与电信事业真的是为了降低大众昂贵的话费吗？还是让京瓷更有利？让京瓷更有名？到底是为了博得大众的喝彩？沽名钓誉？还是做秀表演出于私心去挑战通信事业？”稻盛先生足足用了半年的工夫，每晚反复自问自答，最终确认自己完全是“动机善，私心无”才正式宣布创立 KDDI。正是因为种下了这颗伟大的、利他的种子，KDDI 之后的经营逢山开路，遇水搭桥，铸造辉煌！作为电信行业中的佼佼者，如今的 KDDI 早已超过了 3 万亿日元的规模。

《心灵管理》一书详细描述了东方商业文明的精髓，透过书中平实朴素的故事，诠释了什么是心灵管理，指导如何将心灵管理应用于商业领域解决具体问题，使个人及企业真正受用。稻盛先生将个人心性的提高与企业经营完美结合，开创稻盛经营哲学，并将之植入公司团队，在团队中形成强大的“磁场”，从而兑现精彩人生，造就伟大的公司！稻盛先生当之无愧堪称全世界企业家的榜样！他兑现了“一粒种子改变世界”的伟大创举！

吴铭峰

推荐序二

正确思考的力量

思考就是哲学

“心之官则思”，每个人每天都在思考。但思考有自觉和不自觉之分，有深刻和肤浅之分，有正确和错误之分。

思考是种子，行动是花朵，成败是果实。从这个意义上讲，思考是一切的起源。

参天大树原本只是沉睡的种子；翱翔天空的苍鹰

早先只在卵中待机；世界上一切伟业最初不过是伟人心中的一个梦想而已。

中国历史上没有“哲学”这个词汇，据说这个词汇从日本引进，而日本又从希腊语“philosophia”翻译而来。被称为“近代哲学之父”的笛卡儿说：“我思，故我在。”据说西方有人对“哲学”的定义是：“对人的本质进行思考的这种行为本身就是哲学。”提倡自由深入的思考，其结果之一，就是促进了科学技术的迅猛发展。

经营哲学

在稻盛和夫先生之前，日本很少甚或没有人将“经营”和“哲学”两个词汇联系在一起。而在中国，改革开放后虽然提倡“科学管理”，但是在很长时间内却没有“经营哲学”这样的说法。近年来，“经营哲学”这个词汇在日本、在中国开始流行，逐渐成为常用语。

但是早在50多年前，稻盛先生就开始思考经营和哲学的关系了。

1956年，稻盛在一家名叫“松风工业”的陶瓷企业打工，时年24岁。

当时日本三井物产有一位“大人物”吉田先生负责“松风工业”绝缘瓷瓶的出口业务。吉田常来公司调查。他发现该公司其他部门意气消沉，唯有稻盛领导的“特磁科”士气高昂，热火朝天，吉田觉得不可思议。

凑巧的是，这位吉田先生和稻盛在鹿儿岛大学时的恩师内野教授是东京大学的同窗好友。内野在吉田面前曾经多次夸奖稻盛。吉田在调查结束时提出要约见稻盛和夫。

稻盛觉得吉田虽然是老前辈又是大人物，但很可亲，值得信任，同他交流是难得的机会，于是就将平时头脑里经常思考的“松风工业”经营上的事情，直率地、毫无保留地告诉了吉田。切身经历加上深思熟虑，稻盛讲得既生动又具说服力，无论话题、措辞、内容还是其中包含的思想，都与稻盛当时的年龄、身份很不相称。吉田先生一声不响，神情专注，静听稻盛述说，最后大声说道："才二十几岁，年轻人，真不简单，你已经有了自己的 philosophy。"

稻盛当时不知道"philosophy"是什么意思，回到宿舍一翻辞典，"philosophy"就是"哲学"。那瞬间，稻盛心中不由自主地一阵颤动。

吉田不愧为有见识的大人物，他一句话就点中了稻盛的本质特性，可以说，这句话催生了后来的"京瓷 philosophy"，即"稻盛哲学"。

"经营为什么需要哲学？"这就是几十年来稻盛经典讲演的主题之一。如果说泰勒首倡了"科学管理"，那么稻盛和夫首倡了"经营哲学"。我认为这种说法符合事实。

正确思考

稻盛先生白手起家，40 年间创建了京瓷和 KDDI 两家世界 500 强企业。2010 年 2 月 1 日，78 岁高龄的稻盛先生在退休 13 年后东山再起，应日本政府邀请，出任破产重建的日航董事长，在万众瞩目之下，仅仅 10 个月，就大幅度扭亏为盈，创造了日航历史上空前的 1 580 亿日元的利润。然而，这一切不过是稻盛哲学的产物。或者说，这种不可思议的成功仅仅起源于稻盛先生的正确思考。

稻盛先生是理工科出身，作为一名科学技术工作者，在新型精密陶瓷领域，他年轻时就有许多划时代的发明创造。稻盛先生具备科学家合理思考、追究事物真相的科学精神。

作为企业家，稻盛先生气势如虹又心细如发。他不但善于把握宏观形势，做出类似参与通信事业这样超人的战略决策，而且在企业管理的所有细节上，通过贯彻“钱、物、票一一对应”、“双重确认”、“玻璃般透明的经营”等方法，彻底把握经营的实态，把握事情的本质。稻盛先生创建了精致、缜密、实用的“稻盛和夫会计实学”和“阿米巴经营”模式。如果你读《稻盛和夫的实学：阿米巴经营的基础》和《阿米巴经营》这两本书，相信你一定会对稻盛先生彻底的实事求是态度肃然起敬，并且能理解稻盛的企业50年持续赢利的秘诀。有如此作为的企业家闻所未闻。

为了进一步净化自己的心灵，在精神世界追求更高的境界，65岁后，稻盛先生曾一度投入佛门，认真修行。稻盛先生并不停留在对佛教单纯的信仰上，结合自己丰富的人生实践，他还对佛教的精髓“六波罗蜜”，即布施、持戒、精进、忍辱、禅定、智慧，做出了积极的、深入浅出的解释，令人备感亲切。

稻盛先生除了是科学家、企业家、宗教家之外，我认为稻盛先生最本质的特色在于他是一位“彻底追究正确思考的哲学家”。人类有史以来有不少卓越的思想家、哲学家。而哲学家同时又身兼科学家、企业家、

宗教家，一身而数任的人，稻盛先生或许是独一无二、天下无双的。更为可贵的是：稻盛先生不仅养成了深思熟虑的习惯，而且是一位彻底地追求正确思考的哲学家。

人究竟应该怎样生活？企业家应该如何正确地经营企业？正确的人生观对个人、组织、人类具有何等重大的意义？提出如此重大命题的人意外地少。而不停地提出、思考、回答这些问题的，就是稻盛先生的哲学和实践。

稻盛哲学的原点是“把‘作为人，何谓正确？’当做判断一切事物的基准”。

稻盛哲学的核心用一个方程式表达就是：

人生·工作结果 ＝ 理念 人格×热情×能力

−100～+100　0~100　0~100

如此鲜明简洁地提出如此重要的哲学观点，并一辈子切实实践的企业家，稻盛之前无古人。

正确思考的威力

稻盛先生的青少年时代充满挫折甚至苦难。大学毕业后好不容易入职的企业却连续十年赤字，连工资也不能如期发放。为此，稻盛先生曾经怨天尤人。但当身为技术员的稻盛先生正确思考一个优秀的技术员应该如何开展研究工作，并全身心投入时，奇迹出现了。

稻盛先生在绊着松香容器、差点摔倒的一瞬间，他发明了精密陶瓷中划时代的新材料镁橄榄石；当他看到高温炉中板状陶瓷零件像鱿鱼般翘曲时，突然产生用手从上面压住的冲动，从而获得灵感，干脆利落地解决了重大的技术难题……

稻盛先生27岁创业，在因不知如何正确经营企业而苦恼时，他又获得灵感，确立了在经营中判断一切事务的基准——作为人，何谓正确。

在京瓷初创时的28名员工中，20余名是初中生，稻盛先生自己也只是一家地方大学的毕业生。为了回答“能力平凡的人怎样才能取得不平凡的成功？”稻盛先生想出了上述精彩的人生方程式。

在京瓷发展壮大，稻盛先生忙得不可开交时，他又从孙悟空拔毛吹出分身的故事中获得灵感，创造了“阿米巴经营”模式，实现了真正的全员经营，奠定了京瓷、KDDI稳步而又快速发展的基础。

孙正义创建的“软银”也是世界500强企业。孙正义曾是稻盛先生创办的“盛和塾”的塾生。在拜访稻盛先生时，孙正义曾说：“如果没有稻盛先生敬天爱人的思想和阿米巴经营，就没有软银的今天。”

“盛和塾”现在已有8 000名企业家塾生，他们学习并实践稻盛先生正确的经营思想，大部分企业都有了不同程度的进步，其中近百家企业已经成功上市。

神的智慧

稻盛先生2010年2月1日正式出任日航董事长，

而在此前的1月19日，日航公开宣告破产。这一天稻盛先生按预定日程乘日航的飞机参加夏威夷盛和塾的开塾仪式。在大阪关西机场，稻盛先生对前来送行的日航关西分店长山口先生说："我是为了日航的员工才到日航来的。"又说："日航的干部要一天24小时思考日航的经营问题。"这两句话深深地刻入了山口先生的心中。

稻盛先生强调："在高尚的思想里蕴藏着巨大的力量。"为什么呢？

思考是人的显意识在发挥作用。但如果你怀抱善念，针对某一难题，朝思暮想、左思右想、前思后想、苦思冥想，一天24小时思考，反复地、深入地、强烈地思考，这样，你的愿望会渗入潜意识。在不经意间，潜意识会突然给你灵感，让你心中一亮，立即抓住事物的核心，问题顷刻间迎刃而解。

稻盛先生把这种灵感称为"神的智慧"。回顾发明镁橄榄石的过程，稻盛先生说："当时在我头脑里闪过的这种灵感，并非出于我个人的实力。在我偶然绊上松香树脂容器的一刹那，是神给了我启示，让我产生思想的闪光，是神看到我日日夜夜、呕心沥血、苦苦钻研的样子，心有不忍，可怜我，故意让我绊跤，赐予了我最高的灵感。”

稻盛先生说：“如果不是这样，就无法说明为什么能力平平，缺乏知识、技术、经验、设备的我，竟然能够做出世界一流的发明创造。”

宇宙之心

根据宇宙物理学最权威的“大爆炸”理论，广袤浩瀚的宇宙原本只是一小撮高温高压的基本粒子的团块。经“大爆炸”产生的质子、中子、介子组成原子核，再与电子结合构成原子，原子结合形成分子，分子组成高分子，从中产生DNA从而孕育出生命体，生命从低级进化到高级，最终出现人类。宇宙为什么在演化过程中一刻也不肯停顿呢？这绝非偶然。不妨设想存在着“宇宙的意志”，或叫“宇宙之心”，它促使森罗万象、一切事物向好的方向发展。稻盛先生强调，如果我们的想法与“宇宙的意志”同调，我们的事业一定繁荣昌盛，反之，即使一时成功，最终必然衰落乃至灭亡。个人如此，企业如此，国家如此，整个人类亦如此。

本书是稻盛先生十几年甚至几十年思考和实践的产物，是正确做人做事的最高智慧，其中妙语如珠，格言箴言接二连三，足以引发我们深思。如果它溶入我们的血液，我们的事业一定繁盛不衰，我们的人生一定幸福美满。

曹岫云

稻盛和夫（北京）管理顾问有限公司董事长

目录

心灵管理

对人生的思考

大家很累了吧！这两天来，倾听 9 位塾生精彩的经营体验发表，感受至深。

同时，1 800 多名塾生认真听讲的神情也让我分外感动，大家拼命记录，生怕遗漏了一句。这让我再次感受到盛和塾真是一个了不起的团体。

面对如此专注的塾生，究竟该说什么呢？我一直在思索。今天，请允许我以“对人生的思考”为题，就“我们究竟应该怎样渡过自己的人生？”谈谈我的想法。

这个话题，过去我也曾谈及。我认为人生在世，需要三方面的管理：健康管理、才智管理和心灵管理。在这三者之中，今天我着重讲述心灵管理。

2005 年 2 月在横滨举办的盛和塾关东地区塾长例会上，我谈过这个话题。今天我以那次讲话为基础，将内容加以改变，重新论述。

1

人生在世不可或缺的心灵管理

心灵管理被忽视

如今，人们对健康越加关注，注重健康管理的人越来越多。许多人每年都接受一次健康诊断和全身体检，了解自己的健康状况，并根据检查诊断的结果，或者接受治疗，或者控制饮食，努力保持自己的身体健康。

还有不少人或者去健身房，或者购买健身器材，或者跑步，不仅维持健康，还进一步增强体力。

同时，许多人认识到，仅仅对身体进行管理，仅仅保持身体健康，还不能让人感觉到人生的意义。所以他们致力于对头脑的管理，或者才智管理。例如，上成人学校、读书、听演讲等。在管理身体的同时也管理才智，努力维持、提升自己的才能。

然而，人具备身体、才智的同时还具备心灵。很多人重视身体管理、才智管理，却忽视了心灵管理。

而心灵管理对人而言至关重要，但许多人却对这项管理不予关心。

正因为如此，不少现代人患有心理疾病。烦恼、担忧、不满常在人们心里作祟，人们因而痛苦、焦虑。加上当今社会竞争激烈，人心中很容易滋生妒忌和憎恨，而这类心病又会影响肉体。

例如，精神压力导致胃溃疡，还有高血压、心肌梗死等疾病。一般都认为，这些疾病都起因于人心中的苦闷和烦恼。还有，心中的不平不满、恼怒、忌恨等情绪滋长蔓延，就可能患上忧郁症等精神疾病。如果这种心灵的荒废进一步加剧，还会引发家庭暴力、虐待儿童，甚至导致自杀。

我认为，人们一味强调健康管理的重要性，只在肉体和才智管理上花工夫，而忽略了对心灵的管理，这才是上述现象的根源。

当然，虽然认识模糊，但人们一般也知道心灵对肉体有影响。然而，正视这个问题，认认真真实行心灵管理的人却非常之少。

进一步说，心灵的影响所及，不仅仅限于肉体，它还对人们的人生带来极大的影响。或许大家认为，自己心中想什么是随意和自由的。但实际上，你心中所想会作为现象呈现。所以保持何种心态至关重要。

为此，在宗教的世界里，非常注重保持心态的平和。我皈依了禅宗，而坐禅这项修行就是为了保持心境的平稳和宁静。

活跃在 20 世纪初期的英国哲学家詹姆斯·埃伦，在他的著作《原因和结果的法则》一书中，对于心灵管理，有如下的论述：

人的心灵像庭园。

这庭园，既可理智地耕耘，也可放任它荒芜，

无论耕耘还是荒芜，庭园不会空白。

如果自己的庭园里没有播种美丽的花草，

那么无数杂草的种子必将飞落，

茂盛的杂草将占满你的庭园。

就是说，人的心灵犹如庭院，如果不加耕耘、任其荒芜，不去播种美丽的草花，那就会杂草丛生。

接下来，詹姆斯·埃伦又写道：

出色的园艺师会翻耕庭园，除去杂草，

播种美丽的草花，不断培育。

如果我们想要一个美好的人生，

我们就要翻耕自己心灵的庭园，将不纯的思想一扫而光，

然后栽上清纯的、正确的思想，

并将它培育下去。

对心灵加以管理，让自己具备正确的思想，那么，在你心灵的庭院里，就会如你所愿，盛开美丽的花草。如果不修炼心灵，让其放任，那么你不喜欢的杂草就会疯长蔓延。两者必居其一。

詹姆斯·埃伦所说的“美丽的花草”，无非是指人生的结果。想要实现你心中所描绘的幸福美好的人生，那么你必须对自己的心灵进行管理。詹姆斯·埃伦用

园艺打比方，说明了这个道理。

然后，詹姆斯·埃伦得出如下结论：

我们选择正确的思想，并让它在头脑里扎根，

我们就能升华为高尚的人。

我们选择错误的思想，并让它在头脑里扎根，

我们就会堕落为禽兽。

播种在心灵中的一切思想的种子，

只会生长出同类的东西，

或迟或早，它们必将开出行为之花，结出环境之果。

好思想结善果，坏思想结恶果。

回顾我自己的人生，正如詹姆斯·埃伦说的一样。人的心灵决定人生，决定了人一生的结果。如果这个人是企业经营者，还决定了他的企业的业绩。可见其作用之重大。

然而，这样的道理却没有人明确地教导我们。正如前面提到的，几乎所有的人，都没有认识到心灵管

理的重要性。上了年纪后，人们对身体的健康认真管理起来，但对心灵认真管理的人却很少很少。

当下世相纷乱，社会上很多人困惑而不知所措。我想这一切的根源就在于此。

人的心中“真我”与“自我”在争斗

詹姆斯·埃伦看到了人的本质，他规劝说：“请拔除自己心灵这个庭院中的杂草，耕耘庭院，播种自己希望的、美丽的花草，精心地浇灌，施肥，管理。”我想对詹姆斯·埃伦的话做进一步的简明扼要的说明。否则，这样的道理很难付诸实践。

我曾给大家讲过，人的心灵构造可以看做以真我为中心的多层同心圆，真我的外面是自我、感性、知性。但是，心灵的中心同居着“真我”与“自我”，这两者在争斗。我认为，这样的描述易于让我们理解人心的本质。

所谓“真我”，它充满着爱、真诚与和谐，它可以用真善美这个词来表达，它美好无比。

天台佛教中，有“山川草木悉皆成佛”的说法。山也好、川也好、草也好、木也好，森罗万象，世间万物，皆驻宿着佛性。这个世界上，不管生物还是非生物，全都像佛一样，具备优雅的、满怀慈悲的、关爱他人的高层次的心灵。我将这种佛心称做真我。

与这种高层次的“真我”相对应，所谓“自我”则是基于本能的，就是说，只要对自己有利就好。比如憎恶、嫉妒、贪婪、虚荣、猜忌，还有自恋等表现。如果说“真我”是高层次的自我，那么“自我”就是低层次的自我。

同时，也可以把“真我”称为利他之心，把“自我”称为利己之心。利他之心就是关爱、救助他人之心；利己之心就是只要自己好就行的自私自利之心。每个人身上都同居着这两种心。这就是我们的心灵。

印度诗人泰戈尔的诗文中有如下描述：

我只身来到神的面前。

可是，那里已经站着另一个我。

那个暗黑中的我，究竟是谁呢？

为了避开他，

我躲进岔道，

但是，我无法摆脱他。

他公然在大道上迈步，

卷起地面的沙尘。

我谦恭地私语，

他高声地复述。

他是我身上卑微的小我，

就是自我。

主啊，他不知耻辱。

我却深感羞愧。

伴随这卑贱的小我，

我来到您的门前。

泰戈尔的诗中描述了丑恶卑贱的自我和纯洁美丽

的真我，这两者在每个人身上同居。

所谓心灵管理，就是抑制“自我”，让“真我”呈现。

对心中利己的自我不予抑制，就会糟蹋了宝贵的人生。那么，将这种低层次的自我当做杂草一样连根拔除不就行了吗？但事情并不如此简单。

实际上，正因为有了“自我”，我们才能生存。仅靠纯洁美好的“真我”，人无法生存于世。

比如，为了生存，自己要多得多占的贪欲，为了保护自己，要顶撞对手的怒气，这些都是造物主赋予人的生存本能。没有了这种本能，作为生物，人无法维持自己的生存。还有一些事例，比如名誉欲、权势欲，乃至种种的怨恨、痛苦，这类占据心中的低层次的“自我”，成为某些人生存下去的动力和活力。

然而，这种“自我”尽管为生存所必需，但低层次的“自我”绝不可以过度膨胀。用泰戈尔的诗来解释，就是不能让那个卑贱的自我成为支配心灵的主角。

如果低层次的“自我”成为主宰，人生必然遭遇挫败。

在这里点名批评未免失礼，我们见过很多像堀江贵文这样的人物，犹如彗星出现在天空，一时成了时代的宠儿。可不久他就夸口说：“只要有钱，什么都能干成”，傲慢不逊。果然，好景不长，很快他们就从舞台上销声匿迹。这是因为他们沉醉于一时的成功，忘却了谦虚，放任心中那个利己的自我肆意妄为的结果。

为了避免这种状况的出现，就必须对心灵加以管理。

刚才讲过，人的心中同居着“真我”和“自我”。这里的要点是：“自我”即利己心具有专横跋扈的特性，一旦放任不管就会膨胀，以致将“真我”即利他心逼至角落。

实际上，我们在判断事物时，往往以得失或面子等作为判断的基准。很少能用“为他人好”的利他之心进行判断。在这一点上，即使长期修行的僧人等专门磨炼过自己品格的人也一样。

另外，基督劝人说：当人打你右颊时，你把左颊也让他打。而佛陀提倡对怨恨报以微笑。能达到这种境界的人，是因为美好的、优雅的利他之心占据了他心灵的大部分空间。

我们是凡人，成不了基督或佛陀。而为了生存，最低限度的“自我”即利己心乃是必需的。“自我”多少要一些，但又必须让“真我”在心中占据主要阵地。

要做到这一点，就非抑制“自我”不可。注视自己的心态，当只要对自己有利就行的“自我”冒头时，即刻压制它，犹如“打鼹鼠”的游戏那样，把刚抬头的“自我”压下去。若能如此用心，“自我”就能减少，减少的部分为“真我”所占领，“真我”所占的部分就会扩大。

这样做，“真我”在心中占据的比例就会增加，这一过程本身就是人格提升的过程。就是说，通过每天的自我诫勉，“自我”的比率削减，“真我”的比例增长，这就是所谓的“提高心性”。

把这件事当做家常便饭，反复进行，在这样努力的过程中，心灵得到磨炼，就会被人称为“高尚的人”、“有道德的人”。

还有，通过持续不断地磨炼心性，对事物的判断水准也会发生变化。

“真我”所占比例扩大以后，就会以利他之心，即美好的充满关爱他人的心对事物进行判断。相反，如果“自我”占据的比例大，就会以“我呀我呀”的利己之心，就是只以自己个人的得失或面子对事物进行判断。判断同一件事，用利他之心判断还是以利己之心判断，结果将截然相反。

人在判断事物时，并不是仅仅依靠才智的。确实，我们在使用才智判断事物，但此时，成为判断基础的乃是心灵的状态。这个心态是利他还是利己，判断的结果大相径庭。

以利他之心为基础判断时，就能看见事物的核心，判断就很少失误。以利己之心思考时，判断就会迷惑，就会扭曲，往往导致错误的结果。

最近发生的食品伪装事件就是实例。连续数起食品厂家的事故，就是因为这些厂家忽视消费者的存在，忘记了作为食品企业的大义。“保质期稍稍超过没关系吧！将品质标志稍加篡改别人看不出来吧！为了赢利这是不得已的”等，就这么为了私利，胡乱判断。

在做判断时，经营者和干部以低层次的“自我”，即以利己之心为基础进行判断，结果不仅给社会带来极大的混乱，也让企业陷入了生死存亡的危机，也使众多员工惶恐不安。

我们必须认知，在我们的心中，同居着恶的“自我”和善的“真我”。推出善的真我充当主角，让那恶的自我只当配角，按这样的原则，在人生的舞台上演出自己的剧目。

2

向无私者西乡南洲学习心灵管理的方法

西乡南洲也论述过真我之重要

我最尊敬的西乡南洲是我的家乡鹿儿岛的老前辈。他倡导“无私”即去除私欲，并亲身躬行。他说的“无私”，就是我上面讲的“抑制恶的自我”。

在西乡南洲留给后世的遗训中，关于“应该如何正确做人”这一点，写得言尽意切。归纳起来说，无非是“如何抑制恶我”、“如何培育善我”，也就是“抑制自我”、“扩展真我”，如此而已。

我们凡人实在很难效仿他。西乡南洲事实上就是这样管理自己心灵的，正因为做到了这一条，他才能成就明治维新这样的伟业。时至今日，他那些金玉良言依然在我们心底回响。

我想在现代已很难同西乡南洲过一样的生活，但如果敬慕古乡的英雄，尽量学习、仿效他的人生态度，那么我们的人生也会变得更加美好。

西乡南洲在抑制恶我、培育善我方面，究竟是怎么做的呢？搞清楚这一点，对于我上面所讲的“心灵管理”而言，非常重要。我想引用遗训集中的话来做说明。

西乡的遗训集《南洲翁遗训》，是由幕府末年的戊辰战争中幕府一方，就是西乡的敌人一方的庄内藩的有识之士汇编的。其中的原委，正好体现了西乡南洲这个人的品格。

庄内藩与新政府军作战，彻底投降。这种时候，一般都由胜者解除败者的武装。然而西乡却相反，他收缴胜者官军一方的刀剑，让他们赤手空拳进入庄内藩。这不仅是为了预防粗野的武士胡作非为而采取的措施，也是为了体恤败者的尊严，表达敬意。在让胜者卸械的同时，西乡却允许败者佩刀。庄内藩人因此大吃一惊。

后来，西乡因为“遣韩论”之争而失败下野，回归故里。因为西乡度量宏大、人格高尚，一批仰慕他的庄内藩年轻武士专程来鹿儿岛求教。其中还有庄内藩藩主的身影。此外，在庄内藩的武士中，还有人不顾反对，追随西乡，参军投入西南战役，直至战死。

这些接受过西乡熏陶的庄内藩人，将所学的西乡的教诲归纳编辑，留给后世，这就是西乡南洲的遗训集《南洲翁遗训》。

这部遗训集的第二十六条如下：

[遗训第二十六条]

爱己者，不善之最也。修行不成，事业无果，错而不改，功而生骄，皆因爱己起。故绝不可偏私爱己也。

译文：只爱自己，就是说，只要对自己有利就好，对别人如何不必考虑，这种利己的思想，是做人的大忌。治学不精，事业无成，有过不改，居功骄傲，所有这些，都由爱己过度而生。这些利己的事情都绝不可为。

“爱己者，不善之最也。”西乡南洲终其一生都倡导“无私”，即去除私欲。而且他还不断强调，诸事不顺，都是因为“我呀我呀”的利己心作怪，就是说，都是爱己过度而生的灾祸。

但另一方面，在遗训第二十四条中，他又说“以爱己之心爱人”。乍一看两者似乎是矛盾的，但这意思正如我刚才所讲：应该戒除的是，只看重自己的自恋自爱，也就是低层次的“自我”。而西乡在第二十四条中所讲的“以爱己之心爱人”中的爱己之心，是指一切待人接物都要持慈爱之心，是指“对他人之爱”即“真我”。西乡所说的是：请秉持同上天一样阔宽的关爱之心去生活、工作。只要这样做，福报一定会回归于你。

做生意也一样。我们往往考虑的是只要自己赚钱就好，这不对。江户时代倡导商业道德的石田梅岩说过“做买卖对方也赚钱、我方也得利”。让对方也获利这是商业的铁则，也是从商成功的秘诀。

如果自己想赚钱，你就要让交易对方、让客户也赚钱，让他们满意高兴。所谓“好心自有好报”，好报一定会降临到你身上。我想西乡的教诲无论对人生也好、对工作也好，都非常重要。

为了持续提高心性必须不断加强对心灵的管理

西乡遗训第二十二条是这么说的：

[遗训第二十二条]

克己，于事事物物临机而克，则不克。平素修心则克也。

译文：克己，凡事想要在当时当地、即所谓临场去克己，很难克得了。必须在平日里就振起精神，进行克己自制的修行才行。

人们在听到克己重要性的告诫时，会说：“好，我明白了，到时我一定注意。”

但一旦遭遇状况，并不能立即将克己精神付诸实施。正因为这样，西乡说道：“克己，平素修心则克也。”就是说，克己自律的道理，光用头脑理解还不够，必须从平日起就要进行抑制自身欲望和邪念的训练。而且抑制欲望和邪念这件事要成为习性，就是说，必须融入自己的性格，必须达至此种境界。

没有成为自己的性格，没有变成自己的血肉，那么一旦出现情况，那时即使想要克制自己也克制不了。所以，从平时起就要努力克制自己，进行克制欲望的训练，也就是要不断努力去提升心性。

我一直强调“企业经营由经营者的器量决定”。不管你主观上想把企业搞得多么出色，但“螃蟹只会比照自己壳的大小挖洞”。企业的发展水平取决于经营者的品格，即人的器量大小。

例如，企业小的时候经营成功，但随着企业规模变大，经营者掌握不住经营之舵，导致公司破产倒闭。因为经营者没能随着组织规模扩大而拓展自己的“器量”。

企业要发展壮大，不仅需要增加知识、增强技术技能，还要求经营者相应地扩展自己的“器量”，也就是说，经营者要有意识地做出努力，不断提升自己的人性、哲学理念、思维方式和人格。

我年轻时也不具备优秀经营者所需要的那种“器量”。年轻时，许多方面都不成熟，但我有点自知之明，了解自己的缺点，我每天不断努力，使自己有所进步，有所成长。

有一位经营者告诉我说，20多年前，我曾对他说，我自己人生的每一天，就是“不断提升理念的每一天”。这位经营者说：“您说的不是提高经营技巧，而是说每天不断提升经营理念、哲学思想、思考方式，这一点让我深受感动。”

其实，从年轻时起，我就习惯在枕边放上几十本有关哲学和宗教的书籍，每晚临睡前都要翻阅几页，不管多晚回家，都要翻上一两页。从年轻时起我就这么天天努力。所以我才会把自己的前半生归纳为“不断提升理念的每一天”。这么说或许不够谦虚吧。

我想很多经营者都是这么努力奋斗过来的。例如“松下电器产业集团”的创业者松下幸之助先生，创立了“本田技研工业”的本田宗一郎先生也是如此吧。

30多年前，“京瓷”顺利成长发展，开始考虑上市。我去拜会一家日本有代表性的大银行的总裁，我谈到平时经常阅读松下幸之助先生的著作，非常尊敬他，自己也想拥有像他一样的人生观，像他一样工作、经营企业，说了许多自己的想法。

那位银行总裁年轻时便认识松下幸之助先生，所以我想他一定会附和我，不料他却说：“松下幸之助先生年轻时也很任性，胡闹得厉害。哪像你这么年轻，却尽讲些老成的话。”话语中带着教训的口吻。

听了这话，我不禁愕然。因为是人嘛，在年轻时难免有很多缺点。但是我认为，关键是能否在实践中不断提升自己的人格。即使大银行总裁对此也不予理解。让我感到意外和纳闷。

后来松下先生晚年时，我有幸与他相见，并获得了与他对谈的机会。名不虚传，他果然具备高尚的人格，富于真知灼见，不愧为举世罕见的经营者。我想，他定是倾其一生，不断努力扩展自己的“器量”。正因为如此，“松下电器产业”才能发展成为世界屈指可数的高科技企业。

本田宗一郎先生也是如此。本田宗一郎先生开始不过是一家汽车修理厂的老板，据说年轻时脾气非常暴躁。现场有人工作马虎，铁拳和扳手什么的马上就会飞过来。他本人公开说过：“就是为了享乐才工作。”每天晚上招来艺伎，喝酒唱歌，喧闹不已。

本田宗一郎先生功成名遂，他晚年时，我有幸与他相会。那年本田宗一郎先生等几位经营者，还有我都被选为瑞典皇家工程科学院的外籍院士，应邀一起参加相关活动。

一个星期左右，我和本田先生等一同巡游瑞典各地，同吃同住，我切身感受到本田先生的高尚人格。他柔和谦虚，富有同情心，令人难以相信他年轻时的那些逸闻。我想，正是由于本田先生不断提升了自己的人格，才能赤手空拳创建“本田技研工业”，并使之发展成世界顶级的汽车厂家。

对于经营者的人格与企业的业绩同时提升的现象，我用“提高心性，扩展经营”这句话来表述。这句话道出了经营的真髓。你想扩展经营吗，那么先决条件是，作为经营者，你必须提高自身的心性，提升自己的人格，能够做到这一点，企业业绩就会提高。

如果忽视了心性的提升，即使一时取得巨大成功的经营者，也难免没落的命运。经营成功，当初似乎很优秀的人，早则 10 年，晚则 30 年，往往开始走上衰退之路。这是因为，当初他们埋头工作，一时提高了人格，但在功成名就之后，不知不觉间忘却了谦虚，懈怠了努力，无法再把他们的人格维持在高尚的水准。

没有人一生下来就具备高尚的人格和卓越的见识。在人生的历程中，人们凭着自己的意志和努力塑造高尚的人格。尤其是经营者，担负着很大的社会责任，因为我们雇用了众多员工，要对他们的生活负责。我认为，孜孜不倦，坚持学习，终生努力，不断提高自己的人格，这是想要立身处世的经营者应尽的义务。

学习和实践这一教诲，我还从东方哲学的大家安冈正笃的著作中获得教益，这就是“知识”、“见识”和“胆识”。

人生活在这个世上，必须掌握各种各样的知识。但仅凭知识，在实践中几乎发挥不了任何作用。必须把知识提升到“知识要这样运用”的“信念”的高度，即提升到“见识”的高度。

但是，这还不够。安冈先生说还必须把这种见识提升到“胆识”的高度。所谓“胆识”，就是不管发生何种情况都要绝对实行、毫不动摇的坚定的决心。

我认为，能带来这种胆识的就是勇气。

缺乏排除万难、坚持到底的勇气，任何知识都用不上。但许多人明知这么做是对的，但实行时却犹豫不决，就是因为缺乏勇气。

那么为什么许多人鼓不起这种勇气呢？因为他们把“自己”看得太重。

“不会遭人诽谤吧？”“不会惹人讨厌吧？”尽顾虑这些，因要自我保护而不能付诸实践。把自己看得轻些，抛弃个人得失，“被讽刺为糊涂蛋也好，遭人蔑视也好，都不在话下”，只要有这种气度，那么不管困难多大，定能付诸实行。

常言道：“读论语而不知论语。”大多数人都读过圣贤的书，听过圣贤的教诲。有人提及，就会答道：“就这个道理啊，我知道。”但是仅仅知道，没有任何意义，必须将它上升到“见识”，再进一步，拿出真正的勇气，将“见识”转化为“胆识”，才能付诸实行。

考验是进行心灵管理的机会

这一点正是西乡思想的精髓。正是在历尽艰险、克服辛酸苦难的过程中，西乡的思想升华为胆识，成为发自灵魂的呐喊。

遗训第五条最具代表性，它凝缩了西乡经历考验后的思想。

[遗训第五条]

某时，作七绝一首：“几历辛酸志始坚，丈夫玉碎愧瓦全。一家遗事人知否，不为儿孙买美田。”

如果我有违诗中所言，众人可视我西乡为言行相反者，而将我抛弃。

译文：人的志向、信念在经历多次艰难困苦的考验以后才变得坚定不移。真正的男子汉大丈夫，宁为玉碎、不为瓦全。扭曲自己的信念而求生存，那是耻辱。我留给家人的遗训，世人或许并不知晓。那遗训是不为子孙买良田，也就是不给子孙留财产。我以这首七律汉诗表明自己的志向。如果我的所作所为，有违反诗中所言之处，大家可把我西乡看做言行相反的小人而嫌弃我。

备尝辛酸，历尽苦难，在忍耐中不断努力，克服、超越种种考验，只有这时，人的志向才能坚定如山。

这正是西乡在自己悲壮绝伦的人生体验中归纳出来的金玉良言。

西乡南洲的人生经历，我想在座的许多人都了解，但在这里，我想再次谈一谈西乡所经历的苦难和磨炼。

那是西乡 30 岁时发生的事情。

当时，井伊直弼这位大老发动了“安政大狱”。由此，对尊皇攘夷派的镇压即刻严厉起来。位于京都东山的清水寺的和尚月照，也成了幕府紧急追捕的对象。对于西乡来说，月照和尚不仅是实现维新革命理想的同志、亲友，而且是自己的师长。为了帮助月照和尚逃避迫害，西乡将月照带到萨摩藩，恳求藩主的父亲岛津久光保护月照。岛津久光当时执掌萨摩藩的政权。

但是，岛津久光害怕与幕府发生意外的摩擦，拒绝了西乡的请求，并下令将月照驱逐出萨摩藩，押送至日向（现在的宫崎县）。在当时，押送日向，也被称做“远送”，即一去不复返。背后的意思是，在越过萨摩和日向的藩境后，将月照斩杀。对于这一点，西乡心里明白。

在夜色中驶往日向的船上，想到弃同志一人于死地而不顾，乃是不洁之举，西乡不齿，西乡决意与月照一起绝命赴死。于是两人交杯对酌之后，携手共投锦江湾。

月照溺水而亡，而西乡却被人发现后救起，虽然吞入大量江水而神志不清，却奇迹般地留下一命。

本来就有了与同志同死的觉悟，现在却留下自己一人苟全性命，对武士而言，这比死亡更痛苦，是难以忍受的耻辱。为防他再次自杀，据说西乡的家人在很长一段时间内，将西乡目能所及处的利器全都隐藏了起来。

佛教修行的“六波罗蜜”中，有“忍辱”这一条教诲。承受屈辱，忍耐它，对人而言，是最难做到的事。忍住难忍之事，正是这时候，人才能接近开悟。

西乡忍受了耻辱，选择了要继续活下去。

此后，西乡暂且回到了鹿儿岛。但他触怒了岛津久光，被流放到冲永良部岛。囚徒生活极为严酷，牢房没有墙壁，四面仅用格子搭建，狭小而简陋。阳光无情曝晒，风雨肆意侵入，时而海浪也会打将进来。环境如此恶劣，加上一日只供两顿稀饭，眼看着西乡日渐消瘦。

然而，处在如此苛刻的环境中，西乡却没有吐露丝毫的怨恨。其后，承蒙岛上官吏的好意，西乡被转移到禁闭室关押，并获得允许，可以带进中国古代典籍。从此，西乡天天读书，沉浸于冥想中。经过这一系列严酷的考验，加上苦学先贤的教诲，西乡成长为具备坚定信念的志士，这是一种在任何情况下都绝不动摇的信念。

数年后，回到萨摩后的西乡，品格度量已今非昔比。这时的西乡开始朝着实现维新的目标大步迈进。

要谈自己的经历，我未免惶恐。孩童时期我患过肺结核；报考旧制初中两次没考上；第二次世界大战结束的前两天——1945年8月13日，在鹿儿岛大空袭中，我老家的房屋被炸毁；兄妹们放弃升学而支持我上大学，志愿的大学却没考上；因为没有门路，毕业时的就职考试又屡遭挫折。我哀叹自己命运不济，埋怨社会不公，钻起牛角尖来，甚至想到黑社会团伙里做一名军师。

现在追忆往昔，我的人生虽不如西乡般跌宕起伏，但也因为克服了种种苦难，才锤炼了我，让我的意志坚定起来，造就了今日的我。如果我出身在富裕的家庭，生长在优越的环境，不知苦难为何物，顺利进入期望的大学，就职于优秀的大企业，那我的人生必将与现在截然不同。

孩童时代，父母常告诫道："千金难买少年苦。"每当此时，我会反驳说："那你们可别卖啊。"但现在回顾，父母所言实为真理。

逆境是重新审视自己、促使自己成长的难得机会。在逆境和挫折的考验中，不要消极，不要悲叹。而是把它们看做锤炼意志的良机，拿出勇气，迎难而上。只有通过考验才能坚定志向。

同时，西乡誓言：“不为儿孙买美田。”言下之意，即使最疼爱的亲生的儿子、孙子，也不给他们留下财产。这是极度的无私，连自己的儿子、孙子的生活也提出如此严格的要求，一个“我”字更是完全被置之度外了。

秉持这种超越骨肉亲情、几乎不近人情的无私之心，誓言“不为儿孙买美田”。这种程度的无私，苛刻得近乎违背人间的常情常理，故一般人难以彻底践行。然而，西乡曾备受艰辛，他绝不会违背誓言，他以诗言志，表明了自己志向的坚定不移。

我们也应像西乡一样，无论在什么情况下，丝毫不改初衷，抱着坚定的信念，朝着既定的目标前进。但是，我们生活在今天这个富裕的时代，已经无法体验西乡经历过的辛酸苦难。然而，反反复复自我告诫：“我就要以这种方式度人生！”让这种想法渗透到自己的灵魂深处，这应该可以做到。

正因为生活在富裕的时代，所以就更需要坚定自己的信念。我认为，如果我们不这么做，世相势必越加混乱。

无私的程度达到“不为儿孙买美田”。我认为，正因为西乡持有如此强烈而彻底的信念，一场促成日本国家发生巨大转变的革命——明治维新——才得以成功。诚然，生活在这个时代的中小企业的经营者们，没有必要过分地效仿西乡。我想，给可爱的孩子们留下若干财产也未尝不可。

西乡南洲遗训第二十五条的内容如下：

[遗训第二十五条]

不与人对，与天对。与天相对，尽己诚而勿咎人，寻己诚之不足。

译文：心中谨记，不要与人对比，而要与天相对。与天坦然相对，竭尽自己的诚意。绝不苛责他人的过错，而是反省自己真心之不足。

“不与人对，与天对”，意思就是不要与他人对比，而是以自己心中具备的真诚，以自己心中具备的良知，即秉持正道，去判断，去处事。

在日本泡沫经济最盛行时，不仅房地产商，连大银行的分行行长也来热心推荐：“去买房地产吧！”当时整个日本处于泡沫之中，只要买土地就会升值，只要买股票就会升值。给买土地、买股票者融资，银行也能收贷款利息而赚大钱，因此，银行三番五次来劝说投资房地产，投资股票。整个日本都脑发热、眼发红，卷入了这股投机狂潮之中。

然而，因泡沫破裂房地产价格和股价一落千丈，损失惨重者不计其数。这是因为大家都只是“与人对”，没有“与天对”，没有扪心自问这种投机行为是否符合天道。

额头不出汗，不付出辛劳，仅仅从右手转到左手就能赚取暴利。做这样的事，真的正确吗？应该对照天理良知，冷静思考。可惜，当时能如此反躬自问的人真是凤毛麟角。大家纷纷只“与人对”，相信说客的劝告，梦想投机发财。

房地产和股票价格暴跌，损失惨痛，这时，人们又责怪当初劝说自己投资的人。

“我本不想买，都是你说买吧买吧，都是你说给贷款给贷款，我这才买的!”

这不对!西乡说:“不与人对，与天对。与天相对，尽己诚而勿咎人，寻己诚之不足。”因为自己的过错，因为自己诚心不足，才导致了失败。应该这样来思考，把失败看做提升心性的良机。不做自我反省，而归咎于人，未免荒唐。

然而，非常遗憾，尽管吃了那么大的亏，但由此而提升了心性、能“吃一堑、长一智”的人却少而又少。正因为如此，泡沫经济阴魂不散，到时恐怕还会再现。这或许也是人世间的常态吧。

当代需要的领袖——由真我驱动的“不好对付”的人

说了些口气很大的话。不过，我还是认为，要改变社会现状，最重要的在于每个人的心灵状态。我们要把西乡南洲的遗训当做镜子对照，努力提升自己的心性，哪怕是提升一点点。如果我们不做这样的努力，日本国将何去何从，我很是忧虑。

现在日本的状况堪称国难。克服国家面临的种种困难，能够担任21世纪日本国舵手的人，是具备如下资质的人。这种资质包括在西乡遗训第三十条之中，这是我非常喜爱的一段话。

[遗训第三十条]

“不惜命、不求名、不谋官位、不图金钱的人物，不好对付。但不同此等人物患难与共，则国家大事难成也”。

译文：不惜命、不求名、不谋官位、不图金钱，这样的人物不容易对付。不是此等难以对付的大人物，同他一起分担困难、共同成就国家大业是不可能的。

“不惜命、不求名、不谋官位、不图金钱的人物，不好对付。”我认为，这几句话正是西乡本色的真实写照，体现了西乡这个人的真价值。西乡自己就是一个不惜命、不求名、不谋官位、不图金钱的、无私的人，舍弃了私利私欲的人。

人一旦有了私欲，只一句“给你钱财”、“给你地位”、“给你名誉”，就可以轻易收买。而没有私欲、不为得失所动的人，就不好对付。那么，用什么才能打动这种不为私欲所动的人呢？为社会为世人，或者为他人好的利他之心，也就是用高层次的“真我”，才能打动他。不是这样的人物，与之共同克服困难、成就国家大业就不可能。这就是西乡要说的意思。

我们普通的人，要想达到西乡那种境界，成为西乡那种“不好对付”的人，是不太可能的。但是，只要有强烈的意愿，决心向西乡学习，天天努力，哪怕只实行西乡教诲的几分之一，那么无论我们的人生还是我们经营的事业，都一定会顺畅起来。

实际上，在培养心灵相通、值得信赖的干部、部下的时候，我并不强调要达到西乡“不惜命、不求名、不谋官位、不图金钱”那样的高度。但是，当干部的人，至少是不为私欲所动、不为得失所动的人。只有靠真诚驱动的人，才有当干部的资格。

3

结 束 语

西乡南洲是一个伟大的人物，他不懈地耕耘自己心灵的庭院，那儿绽放了大朵的鲜花。聚集在盛和塾的经营者们，我们也要辛勤地耕耘自己心灵的庭院，哪怕只是一朵小花，也要让它开得鲜艳夺目。

这样，经营者们率先垂范，不断提升心性，那么，不仅可以使各位自己的人生丰富多彩，而且可以拓展经营，可以实现各位企业里众多员工的幸福。我坚信这一点。

今天，我以“对人生的思考”为题，引用西乡南洲的遗训，论述了度过幸福人生所需要的思维方式。

最近，拙著《人生的王道——学习西乡南洲的教诲》由日经 BP 社出版发行。为了耕耘自己的心灵，种植美丽的花草，希望大家读一读这本书，重温西乡南洲的教诲。

长达两天的、精彩的全国大会，在在座各位协助之下顺利闭幕，对此我表示衷心的感谢。

现在，盛和塾不仅在日本，而且已经扩展到了巴西、美国和中国。塾生数目已接近4500名。我祈愿在盛和塾学习的经营者们，务必再次学习西乡的教导，阔步走在“人生的王道”上。我的讲话到此结束。

人为什么而活着

在这么炎热的时候有这么多人赶来听讲，让我很感动，同时向组织这次公开讲座的“滋贺盛和塾”表示由衷的感谢。

今天讲的题目是“人为什么而活着”。我想，任何一个人，都有幸福生活的义务，不是权利，而是义务。一个人如果没有过上幸福的生活，是因为他没有做出应有的努力，没有为幸福而努力奋斗。

我这个人并没有什么了不起的能耐，但就像我这样的人，尚且能够创建两家企业，而且让它们发展到今天这个规模。

下面向大家介绍我自己经历过的人生轨迹，希望对诸位今后的人生有所启示或参考。

1

少年时代不幸多

我出身在九州的鹿儿岛，兄弟姐妹七人，我排行老二。上学前我是一个任性又内向的孩子，做什么都离不开母亲，老是抓住母亲的裙子跟东跟西，以致母亲不耐烦地说："这孩子怎么到那儿都要跟着我。"

在家里虽然调皮，一出家门就腼腆，甚至会哭泣。记得小学的入学典礼，去时兴高采烈，仪式结束要上课了，发现母亲要回家，感觉孤独，立即放声大哭。一年级学生中哭泣的只有我一个。那一天别人的家长都回去了，只有我母亲一人站在教室后面，一直等到放学为止，母亲又尴尬又难为情。

第二天，要一个人去上学，我坚决不干。没办法，只好派人送，差不多一个月，都由叔叔、叔母轮流陪我上学。后来总算可以单独上学了。习惯以后，上学就很快乐，而到了六年级，我就成了学校里的调皮鬼、孩子王。

父母亲都只上过小学，我孩童时代他们从没督促我读书。我正好与小朋友们游戏打闹，成绩自然不好。

因为平时调皮捣蛋，学习不认真，初中升学考试名落孙山。

从前小学毕业考不上初中的，一般都进高等小学，学习两年后就参加工作。我因为没考上旧式初中，只好进高小。第一年快结束时，身体出现异常，低烧不退，十分难受。去医院一查，发现患上了肺结核。当时住在我家的大叔、大叔母及小叔，都因肺结核相继去世。十三岁的我也竟患上这病，因为三位亲属都死于结核，我当然担心自己也会死。当时肺结核是绝症，又是传染病，所以病人一出门，就会遭到周围人的指责。据说当时就有人说："这孩子这么小就患这种病，恐怕小命难保。"

当时第二次世界大战临近尾声，但美军的空袭越加激烈。这时候，班主任老师扎着防空头巾来到我家。"稻盛君有特长，有培养前途，小学毕业就工作，未免可惜，应该去上中学。"他苦口婆心说服我父母并代我提交了升学申请书。"过几天就要考试了，你身体不好由我来照顾，我陪你一起复习。”

鹿儿岛最好的一中又没考上，托这位老师的福，我总算去一家私立中学就试，被录取了。虽然好不容易考上了，却因连日轰炸，根本无法上学。空袭暂停时去义务劳动，空袭来时就奔走逃命。这样紧张奔波之间，不知不觉中竟恢复了健康。

战争结束后进行了学制改革，旧制初中变为新制初中，并有了新制高中。进新制初中读三年可以毕业，也可以不考试直升高中再读三年。但是我家的房屋在空袭中被炸毁，父母及兄弟姐妹七人，生活极度贫困。条件不允许我继续升学，但我还是说服父亲让我上了新制高中。

过去念书不用功，进高中后就感到懊悔。从这时起开始认真学习，因为对学习有了兴趣，高三时的成绩在年级中领先。老师就动员我毕业后考大学。我答道："家里穷上不了大学，准备高中一毕业，就到本地的银行做事。"这位老师赶到我家，恳切地说服父亲允许我考大学。

志愿是大阪大学医学部，但同初中升学考试一样，又失败了，结果只考进了本地的鹿儿岛大学工学部应用化学专业。家里拿不出一分钱学费，只能靠奖学金，靠夜里到百货店当警卫、当家教来挣钱交学费。

大学时代珍惜可贵的学习机会，拼命用功，成绩优秀。毕业前，老师介绍了许多好企业，我赶到东京、大阪等地接受面试，可惜没有一个单位肯录用我。1955年朝鲜战争结束不久，正是“就职难”时代，没有门路找不到工作，而我的亲戚中有头有脸的人物一个也没有，也没有熟人帮忙介绍。家穷弟妹还年幼，我想以劳动所得补贴家用，但成绩好也不顶用，照样找不到工作，我十分痛苦。一位任课老师看我可怜，特地跑到他的一位亲戚家里请求帮忙，那位亲戚在京都一家陶瓷厂工作。靠这位老师斡旋，总算有了出路，可以去京都上班了。我满怀希望从鹿儿岛出发，准备好好干一番。

离开鹿儿岛时，在“国铁”做事的哥哥特地为我缝制了一套西装，穿着这身西装踏进公司。进去了才知道，这家公司战后十年连续亏本。第一次发工资，就讲要推迟 1~2 周。尽管经济不景气、“就职难”，同期毕业一起进厂的五名大学生，仍然有三人先后辞职，最后只剩两位。

和我一起留厂的是一位京都大学的毕业生，也出生于九州。我们商量，在这个破公司待下去没有前途，不如去考自卫队。于是两人一起到自卫队干部候补生学校应试，都考上了。但是家里不肯把自卫队需要的户口本寄来，结果那一位顺利进了自卫队，五人中只剩下我一个孤家寡人。

2

想法改变，人生转机

只剩我一个人，已经走投无路。既然只好留在这个公司，牢骚满腹又有何用，倒不如沉下心来，专注于精密陶瓷的研究，我决定改变自己的想法。

公司有员工宿舍却没有食堂，每天回到宿舍我淘米煮饭做酱汤。埋头研究后就没空回宿舍，往返宿舍的时间也要节约，我就把灶、锅搬进研究室，干脆吃睡都不离研究室。当我全身心投入研究时，就感到研究很有趣，因为有趣我又更加投入，这样有趣的研究昼夜不分也不觉得苦和累。这样一年下来，就有了出色的成果，公司大大地表彰了我。不久我又开始把科研成果事业化，将它转化为产品推向市场。

1957 年上半年开始，日本电视机逐步普及，松下电工知道了我开发的精密陶瓷，作为绝缘材料，可用于电视机显像管，因而给我们下了订单。我不仅在研究室开展研究，而且在车间负责批量生产陶瓷元件。率领众多部下，担任研究和制造两方面的重任，大学毕业不足三年，我就被推上了这样的位置。

研究很有趣，工作很有趣，我感觉到了生命的价值。这时候，工资迟发1～2周，对于我来说已经不是什么问题了。我聚精会神、夜以继日拼命努力，工作很快乐，也很顺利。

3

“京都陶瓷”公司的产生

那时还是真空管时代，既没有晶体管，更没有IC。当时日立制作所正在开发小型陶瓷真空管，他们要求使用我发明的精密陶瓷材料来开发这个新产品。上述精密陶瓷材料美国的GE公司首先合成成功，我用不同方法开发成功，是世界第二。日立指名要我做，说明他们承认了我的技术成果。现在又要用这技术制造世界第一的陶瓷真空管，我非常兴奋，热情燃烧，投入研究开发之中。

然而，令人遗憾，试验一次又一次，预想的东西总是做不出来。我的技术水平不足是一个原因，另一个原因是，亏本企业买不起必要的仪器设备，开发条件实在太差。正当我因研究不顺利十分焦急之时，新任的技术部长对我说："稻盛君，凭你的能力，实在难为你了，这项研究让其他技术员干，你歇手吧。"虽然是一个破公司，但名牌大学毕业的高材生倒不在少数。技术部长的言下之意是，你这位地方大学的毕业生能力不行。

是我从零开始一手开发的新技术，稍遇挫折，就被认为不行，这是对我开发出来的技术的一种侮辱。我不假思索，当即回道："那好，我辞职。"

周围的人为我的前途担心，另外，我辞职后，就有人商量要为我筹建一家企业。1959 年我 27 岁，京都陶瓷（现叫京瓷）诞生了。资本金 300 万日元。为我筹建公司的一位朋友，还用自家房产做抵押，从银行借来 1 000 万日元，用来购置设备等。

为了报答出资者的深情厚谊，新公司一成立，我就以比过去更高的热情，拼命工作。

原来的 7 名同事一起参与创业，又新招了 20 名初中毕业生。如果事业失败，公司破产，这 27 名员工将流落街头，无论如何也要成功，我感到责任重大，常常夜不能寐。

4

追求全体员工物质和精神两方面的幸福

创业之初，公司的定位是：以稻盛和夫的技术问世。就是说，前面那家公司的技术部长贬低我的技术，现在京都陶瓷是我们自己的公司了，我们自己当家做主了，不必听别人的闲话，受别人的牵制，我们可以无须任何顾虑，以稻盛和夫的技术问世，堂堂正正、努力把企业经营下去了。话大家都这么讲，但这么多员工，一旦开始运行，首先大家都要吃饭，每位员工每个月的工资必须按时发放。

说心里话，公司开始运行时，我连会计的“会”，经营的“经”都不会写。每月要按时发工资，年末还得发些奖金，光做到这些就不容易，真是“不当家不知道柴米贵”。

同时员工中传出“我们将来会怎样”的声音，要求公司承诺，对他们将来的生活提供保障。我的父母还在鹿儿岛，弟妹还在上学，想尽量多寄点钱帮助他们，尚且做不到，刚建立公司，刚招进员工，都是非亲非故，但我却必须对他们的生活负责。似乎命运在跟我开玩笑。所以当员工提出“将来会怎样”时，我不禁叹息。

建立京都陶瓷的初衷，确实是要“以稻盛和夫的技术问世”，但再仔细思考，既然公司已经开始运行，最优先的事情，应该是追求员工物质和精神两方面的幸福。因此，在公司建立后的第三年，我把京瓷公司做了如下的定位：京瓷公司不是显耀稻盛和夫个人技术的场所，而是“在追求全体员工物质和精神两方面幸福的同时，为人类社会的进步发展做出贡献”的地方，我把这句话定为公司的经营理念。就是说，公司的目的不是显耀个人技术，而是怎样才能让员工得到幸福，我当时就做了这样的决定，并付诸实践。

在第一次向员工发放年终奖时，我内心的激动至今记忆犹新，按照上述经营理念，我不能让员工下岗失业，必须追求员工物质和精神两方面的幸福，我总是把这一理念挂在心头，所以当有条件向员工发放奖金时，我心里就特别高兴。创业第四年有能力建设新工厂了，公司的基础得以巩固，这年年末，我亲自把奖金交到每个员工手上，然后说道：

“由于大家的共同努力，企业有了效益，可以发年终奖了。但是世上还有不少穷人，他们过年连年糕也吃不上。所以，如果可以的话，大家从自己的奖金中拿出哪怕一小部分，公司也拿出同样金额的钱，用来帮助那些穷人。员工们，你们说好不好？”

员工们被我的话所感动，都很高兴地把奖金的一部分贡献出来。京瓷岁末慈善活动从此揭开序幕，贯彻至今，根植于京瓷的传统之中。这也是实践京瓷的经营理念中“为人类社会的进步发展做出贡献”这个宗旨。

无论如何也要维护员工的利益和幸福，同时用我们汗水的结晶为社会做贡献、做好事，抱着这种想法拼命地工作，公司果然就不断发展壮大。公司设立第一年就有利润，这几十年中有过几次经济萧条，但是不管外面如何不景气，京瓷 40 多年来从未出现过一次赤字、亏本。

5

作为人应该做的正确的事，以正确的方式贯彻到底——设立稻盛财团

刚才已经谈到，当初我在企业经营方面既没有经验，又没有知识，也不懂怎样才能搞好经营。员工们不断提出问题要我决断，什么要做、可做，什么不要做、不可做，我必须做出判断。但是事实上，究竟怎么做才好，怎样做才正确，我自己也不知道。

最后，我决定用下面这句话作为判断事物的基准："不管经营企业也好，做其他别的事也好，都要以正确的方式去做作为人应该做的正确的事。"经营企业这种难事我不懂，但是作为人应该做的好事和不可做的坏事，我能分得清，这是小时候父母和老师教我的。我想就用这作为基准去经营企业不就行了吗。

但是，这个问题就这么讲，用词上似乎太幼稚，我就修饰了一下，这么对员工们说："作为人应该做的正确的事，以正确的方式贯彻到底，这并不是难事。孩童时代父母教导我们，什么是作为人该做的好事，什么是不可做的坏事，我们只要遵守这单纯的教诲就够了。我们就把它作为公司判断事物的基准。"这个基准虽然很简单却很管用，用它来做经营判断，我们从没犯过错误，公司因此不断成长发展。

从 20 年前开始，我又做了两件事。第一件，我想公司之所以能够顺利发展成长，不仅仅是靠我们自己的努力，也靠了周围各方面的支持援助。因此我们绝不可以独享经营成果，我们应该回报世人，回报社会。出于这种考虑，我将自己拥有的“京瓷”股份拿出一部分，设立稻盛财团。稻盛财团以“京都奖”的形式褒奖在尖端技术、基础科学、思想艺术方面有杰出贡献的人，每年一次，彰显他们的功绩。

设立稻盛财团的宗旨我做过如下表述：

我抱有一种信念，我相信“为世人尽力，为社会尽责，这是人最高尚的行为”。这就是我设立财团的目的。

稻盛财团主办的“京都奖”这项表彰活动，现在已是 18 个年头。

6

动机至善、私心全无——第二电电的创业

另一件事就是“日本第二电信电话公司”（现称“KDDI”）的创立。

明治时代以来一直垄断日本通信市场的“日本电电公社”（“现称 NTT”）20 年前开始民营化，因为垄断独占，所以日本的通信费用比欧美各国高出许多。自由化意味着民营企业可以参与通信事业。但大企业没有一家敢于挺身而出，因为向营业额几万亿日元的巨大的 NTT 正面挑战，风险非常大，大家都不免心虚。

我想，照这样下去，谁也不肯参与，通信费用居高不下，日本进入高度信息化社会就变得渺茫。我鼓足勇气，毅然决定打破僵局，创建第二电电。

当时“京瓷”虽然有了某种规模，但要展开电信事业这种国家性的大项目，实力远远不够。许多人认为我的决定未免鲁莽，好不容易发展起来的“京瓷”有被拖垮的危险。仅仅出于降低国民的通信费用这一单纯的动机，出于正义感就做出这么重大的决定，这真的妥当吗？我心里很烦恼。

每天晚上临睡前，我心中有另一个自己向现在的自己发问："你说，你参与通信事业是为了降低大众昂贵的电话费用，你真的是这么想的吗？不是为了对'京瓷'更有利，让'京瓷'更出名吗？不是为了博得大众的喝彩，不是为了沽名钓誉吗？""创办第二电电不是你自己想做秀表演吧！嘴上讲得漂亮，说什么为了大众，其实还是为了赚钱，还是出于私心才去挑战通信事业。真的是动机至善、私心全无吗？"总之就这样自我逼问。

有半年工夫，每晚我反复自问自答。最后思考清楚，确认自己"动机善、自心无"，才正式宣布创立第二电电。

我鼓起勇气报名参与，但世人并不看好，他们认为日本有代表性的大企业尚且望而生畏，不起眼的"京瓷"有什么能耐，参与了也肯定失败，正如唐·吉诃德挑战风车一样。

"京瓷"举手报名以后，国铁（现在的 JR）认为，既然“京瓷”都敢参与……他们也报名参与。国铁可以沿东海道新干线侧沟铺设光缆，从东京、名古屋、大阪很容易形成通信网络。同时日本道路公团与丰田汽车结成联盟，也宣布参加。他们也可从东名—名神高速公路侧沟铺设光缆，形成通信网络。与这两家公司比，“京瓷”不具备任何通信方面的基础设施。舆论都认为参与的三家之中，最先败退的必是“京瓷”。实际上，第一个举手的虽然是我，但怎样才能构筑通信网络，我那时还没有具体的方案。

当时我曾拜访了国铁的总裁，我要求：“沿新干线再铺一根光缆，两根光缆并铺。”因为国铁属于国家的财产，我们也有权利用。他却一口拒绝：“因为是国铁的子公司我们才协助铺设光缆，我们同你没有任何关系，为什么要让你们利用呢？”我反驳说，从公平、公正、社会正义的观点讲，国有财产只让一家特定企业利用是不对的。但结局是他不理睬，我也无可奈何。

此路不通，只好考虑用无线网络来连接东京、名古屋、大阪。但日本上空有许多无线网络，除 NTT 使用的无线网络之外，还有自卫队和美军等用于军事目的的无线网络。不允许任意架设无线通信网络。正当我犯难的时候，当时的电电公社总裁真藤恒伸出援助之手：“我们还有一条空余的线路，可以提供。”真是所谓“给敌人送盐”（日本典故）。

真藤出手帮忙，就可以沿东京、名古屋、大阪的山峰架设抛物面天线，建立无线通信线路。但实施并不容易，冬天积雪无法登山，器材要靠直升飞机搬运；夏天作业时要承受蚊虫叮咬。另一方面，国铁沿新干线、道路公团沿东名—名神高速公路铺设光缆的作业很简单。然而，我们虽然从零开始搞基础设施，但推进速度不亚于上述两家公司，与他们在同一时间完成了东京、名古屋、大阪间的通信线路。

开业之初，以企业为专门服务对象。因为其他两个公司分别有国铁或日本道路公团、丰田汽车做背景，有许多关联企业，而以“京瓷”为背景的第二电电这方面却处于绝对劣势，以法人为对象的营业活动遭到惨败。

于是我们开始转向，从以企业为专门服务对象转向为一般大众的市外电话服务为主，这个市场规模大。我们强化了这方面的营业体制，同时向民众诉说，创立第二电电的目的就是降低大家的长途电话费用。这种努力很快开花结果，在市外电话服务方面，第二电电在三家新公司中遥遥领先。由于获得民众广泛的支持，第二电电的业绩始终领先，发展顺利。

7

利人利世的价值观导致成功

“京瓷”初始的资本金只有 300 万日元，经过 43 年的运行，销售额达到 1 万亿日元。商社或流通行业销售额超过 1 万亿日元不算稀奇，但制造业，特别是以零部件生产为主的制造企业，销售额超过 1 万亿日元的，日本大概没有第二家。

被讽刺为唐·吉诃德的第二电电，现在称 KDDI，销售额已达到 3 万亿日元。“京瓷”和 KDDI 合计，销售额达 4 万亿日元，这是一个巨大的数字。

前面说到，我小时候任性、内向，不爱学习，是一个极为普通的少年。生长的家庭环境、社会环境都不理想。就职时又进了一家经营很糟糕的亏本企业。因此我不得不拼命工作，做出不亚于任何人的努力。在成立和经营公司时，因为几乎什么都不懂，只能按照小时候父母和老师的教导，就是“去做作为人应该做的正确的事情”，把这一句话作为判断一切事物的基准。用不正当手段赚钱不叫经营，付出努力，将正确的事情贯彻到底从而获得利润，这才可称做经营。企业经营成功，在我们自己获得幸福的同时，必须回报社会，对社会做贡献。从岁末慈善金的募集到设立稻盛财团，创设京都奖。我这样一个普通得随处可遇的少年、青年，因为有了这些想法、这种价值观，加上持续的拼命的努力，就做出了今天这样的成就。

8

度过美好人生的秘诀——“六波罗蜜”

现在我已经70岁了，回顾自己的人生，有如下深刻的感受。

释迦讲，人要开悟需要六项修行，称做“六波罗蜜”。所谓“开悟”，就是完善人性、提升人格，也就是纯化心灵、净化心灵。磨炼心志、美化心灵就可以达到悟的境界，同时人生道路也会顺畅。而要达到这种境界，作为修行方法，我向大家介绍释迦的教导。

“六波罗蜜”就是“布施”、“持戒”、“忍辱”、“精进”、“禅定”、“智慧”这六项十二个字。致力于这六项修炼，心志得以磨炼、人性得以完善，人生就会顺利。释迦说，再进一步开悟，人死后就能进入极乐净土。

这六项中“精进”特别值得注意，意思就是要拼命工作。“拼命工作”其实就是磨炼心志、净化灵魂最有效的方法。

拿我来说，为了各位出钱出力而设立的“京瓷”公司不致破产倒闭，为了不使员工们流落街头，当时的我虽然还不晓得“精进”这个词，但我从早到晚、夜以日继拼命工作。这种努力，其实不仅是为了公司、为了员工，拼命工作同时也磨炼了我自己的心志。

日语中有“情不为人”这种说法（意思是你对他人有情，他人必会对你有意，结果对你也有利。正所谓好心有好报，行得春风有夏雨。——译者注）。一心一意为员工而努力奋斗，结果也成全了我自己。为他人结果也是为自己，完善了自己的人性、净化了自己的灵魂。我想事情就是这样。

在当前严峻的经济环境之中，为什么要那样辛苦、那样拼命工作？许多人都这么想。“拼命工作”不仅是为了突破目前的困境，更是为了提高自己的心性，这后一点特别重要。

“持戒”也很重要。所谓“持戒”就是遵守戒律。这不可为，那不能做，释迦所讲的事情，其实并不难，比如讲不可贪欲，不可偷盗，不可损人利己，人都能做到。释迦讲的就是这些。

因为我对经营一无所知，就以父母讲的什么是作为人应做的好事，什么是不可做的坏事，就以这么单纯的教导作为经营判断的基准。这实际上就是释迦讲的“持戒”，一点都不难，也不复杂。按照“作为人，何谓正确”这一单纯的教导做下去，就是释迦所说的“持戒”。

所谓“布施”就是为他人效力，就是说不只是为自己，也要为世人、为社会尽心尽力。

实际上，我这样随处可遇的乡下青年，在生存的奋斗中，不知不觉地实践了释迦所说的“精进”、“持戒”、“布施”这三项修炼，即拼命地工作，不做坏事，为世人、为社会尽力。就这样我创建了两家公司，并发展到了今天的规模。

“六波罗蜜”中还有“忍辱”。“忍辱”就是要忍耐、坚忍不拔。按释迦的说法，我们在人生过程中遭遇的各种事情都是不确定的，今天幸运，明天就可能倒霉。我们眼前发生的现象是变幻不定的，所谓人生就是“诸行无常”。“波澜万丈”，这就是人生。“既然诸行无常，人生就是苦难。”这是释迦的话，忍受这苦难的人生就是“忍辱”。

在座各位我想都有较高的思想境界，但各位的家庭中或许有病人，或许经营不太顺利，或许在公司里工作得不开心。总之会面临许多问题和烦恼，或者叫做“苦难”，拼命忍住这类“苦难”，不被“苦难”压垮，用积极向上的心态对待这类“苦难”，忍住“苦难”，就是为今后创造幸福。

“京瓷”和“KDDI”发展至今，道路绝不平坦，在这过程中我遇到过许多难对人言的困难。但不管什么苦难我都忍受。“忍辱”这一条，在不知不觉之中，我或许也已经实践了。

还有“禅定”。我们生活在现实中，常常会生气、发怒，这时心态就会变得粗糙、粗野。处于这种心态就谈不上提高和完善人性。这种情况下，为了把心镇静下来，释迦教我们坐禅。但现代人可能没有时间坐禅，即使不去坐禅，把心镇住，腾出片刻工夫，静静地思考今天一天中发生的事情，这应该做得到，我想能这样就行。

释迦说，如果能致力于“布施”、“持戒”、“忍辱”、“精进”、“禅定”这五项修炼，就会产生“智慧”。所谓“智慧”，就是掌管整个宇宙的“智慧”，就是支配宇宙的原理原则。到达“智慧”的境界，人就不再会有慌乱和不安。“六波罗蜜”说的就是这些道理。

9

人生的目的在于磨炼灵魂
（磨魂）

5 年前，我开始考虑：人的一生，从出生后起的 20 年，是为踏进社会做准备的时期。从 20 岁到 60 岁这 40 年是在公司里拼命工作的时期。如果活到 80 岁，那么 60 岁后的 20 年就是为迎接死亡做准备的时期。

那么“死”又是什么呢？我相信人有肉体和灵魂。因此，所谓“死”，可以设想为：肉体留在现世，而灵魂朝另一个世界开始新的旅程。就是说肉体消灭了，而“我”却以“灵魂”的形式永存。

如果把“死”看做灵魂开始新的征程，那么应该怎样来迎接死亡呢？在死亡到来之际，你今生创造的一切东西都必须留在现世。名誉、地位、财产，一切都只能放弃，只剩灵魂，灵魂开始新的旅行。这就是说，人从生到死这期间，怎样把灵魂变得纯洁，这才是人生的目的。

没有一个人因为主动要求降生现世、享受人生，才来到这世上。当我们意识到物、心的存在时，我们已经在父母的膝下享受了一段人生。灵魂降生人世，在“波澜万丈”的严酷的现世中经历磨炼，迎接死亡，然后新的灵魂又开始启程。

人生有成功，有失败，有幸运，有灾难，会发生各种各样的事。人生的风浪磨炼人的灵魂，在迎接死亡之际，重要的不是此生是否有过显赫的事业和名声，而是作为人父、作为人母，是否有一颗善良的心，是否有一个纯洁而美好的灵魂，能够以这样的心、这样的灵魂去面对死亡，我以为这就是人生的目的。人生的目的就是磨炼灵魂。

我讲这些话，并不是激励大家去追求成功，创办出色的公司，争取优秀的业绩，研究高深的学问。我的意思是，在现世去构建自己纯洁而美好的心灵，这才是人生的目的。为了构建美好的心灵，就必须磨炼心志，为了磨炼心志就必须拼命工作。

你或许会想，为什么就自己该忍受苦劳、拼命工作？你要懂得，这种苦劳，这种工作，是为了磨炼你的心志，磨炼你的灵魂，上苍特地给予你的礼物。

10

思善行善就能改变命运

四百多年前是中国的明代，在日本是丰臣秀吉活跃的年代，有一个叫袁了凡的人写了一本叫《阴骘录》的书。借助这书的故事我谈一些自己的想法。

作者袁了凡，小时候叫袁学海，祖上世代行医。学海幼年丧父，和母亲一起生活。

一天傍晚，少年学海正在游玩，有一个自称“南国修易”的白发老人与他搭话。“易”就是易经，是中国很热门的关于命运的学问，就是占卜、算命。

人类从古代起就不断思考一个问题：“我究竟会度过一个怎样的人生呢，人生来就有命运存在吧。”如果人真的有命运，那么人们就想知道自己的命运，就会进行研究，中国的易学是其中之一，同样在印度、在欧洲，占星术也很发达。

老人对学海说道：“我奉天命来找少年袁学海，向学海少年传授易经真髓。今天请让我在你家借宿一晚，我要与你母亲好好谈一谈。”

那晚老人就对学海的母亲讲述了学海的命运：“妈

妈你想叫儿子学医，但这孩子不会当医生，他将成为一个优秀的官吏。”当时的中国，要做官，必须接受“科举”考试，考试分几个阶段，先是县，然后是府、道、省，经选拔后进入中央级的考试。

“这个孩子几岁参加县里考试，成绩在多少人中排第几位，然后是府里考试，又排第几，道里考试第一年没考上，第二年考上了，在多少人中排第几。” 老人瞥了一眼坐在旁边的学海，继续说道：“最后这个孩子通过了京城的考试，很年轻就当上了地方上的长官，后来结婚，可惜命中无子，夭寿53岁。这就是他的命运。”

这以后少年学海果然如老人所言，哪一年参加哪种考试、在多少人中排名第几。与老人的预言分毫不差。当上了中央官吏又被派往地方做官。

学海当官的地方有一家有名的禅寺，听说里面有一位高僧名叫云谷禅师。学海到任不久就去拜访这位禅师。禅师请学海一起坐禅，看到学海打坐时神定气闲，禅师非常佩服：“你如此年轻，坐禅时却不动声色、毫无杂念，你曾在何处修行？”学海答道：“正如老师所言，我确实没有杂念妄念。倒不是因为经过特别的修行，我小时候遇到了一位白发老人，他讲述了我的命运，至今为止，我一直按老人所言，走着我的人生。命由天定，我 53 岁就要辞世，因此我没有必要考虑多余的事情。这种心境在您看来或许就是六根清静了。”

禅师听罢此言，不禁怒从中来：“我本以为你悟性很高，很了不起，原来你不过是一个大笨蛋。如老人所言，人确有命运，但命运是可以改变的。如果把命运比做人生的经线，那么纬线是因果报应的法则，即想好事、做好事就有好的结果，想坏事、做坏事就有坏的结果。而且因果报应法则比命运更有力量。因此，即使因为命运不佳而处境不好，只要坚持好的思想和行为，就能使人生出现转机。”

学海是一个非常正直的人，听禅师这一番话，很受感动，回到家里就把禅师的教诲告诉夫人：“从今天起，我要思善行善，待人诚恳，哪怕是小事，也要多为别人着想，多做对众人有益的事。”于是夫人也说：“那么让我们一起做善事吧，想了、做了好事我们就画圈，想了、做了坏事我们就打叉。让我们努力，多多画圈吧。”

局面由此一变。“儿子啊！在遇到云谷禅师之前，爸爸一直顺着命运度人生，但受到禅师的叱责和教导之后，我和你妈就一心一意思善行善，结果，不可能出生的你出生了，本来我只能活到 53 岁，但现已年过 70，还如此顽健。这是由于因果报应法则改变了原来的命运，这叫做‘立命’。因为我弄懂了这个道理，所以我才能有这样美好的人生。”

《阴骘录》中云谷禅师的话单纯至极。确实，人有命运，由于命运的作用，有人快乐有人痛苦，但人的命运可以因为人的心态的改变而改变。

想好事、做好事就会有好结果，如此而已。就是说，只要改变心态就能改变原来的命运，创造幸福美满的人生。这就是这本书教给我们的真理。

11

不相信“因果报应法则”的理由

然而，这么简单的道理，我们为什么就不明白呢？其实我们明白，但我们并不相信。如果想好事，立即就有好的结果，做坏事，立即就有坏的结果，那么我们当然会相信。但是结果往往并不立即就出现，所以谁也不相信因果报应这个法则。

原因和结果之间有一个时间差，为什么产生结果需要时间呢？答案是命运之波的存在。在命运太坏的时候，即使做一点好事，也不会很快出现好的结果，因为做好事的效应被厄运所抵消。相反，命运处于强势时，稍微干点坏事，也不会马上产生坏的结果。

“那样的恶人，怎么偏偏就发了财！”“这么令人讨厌的东西，为什么运气就那样好！”相反，“如此善良、如此亲切的人，为何贫困？”因为想不通，所以谁也不肯相信因果报应的法则。

从一个较短的时间段观察，事情或许真是这样。但从10年这样较长的时间段观察，因果就大体相合。如果10年还不够，请看20年，20年还不够，请隔30

年再看，30 年间因果不符的，可以说几乎没有。个人如此，企业的盛衰也一样。

我创业以来经过了 43 年，在这期间，一时红得发紫的企业，股票迅速上市看来十分优秀的企业，因为忘乎所以，忘记了自己的初衷，而在 30 年间能够持续成长发展的，几乎没有。人生也好，企业经营也好，从长时段看，“因果报应”准得很。

听我这么讲，有人仍然不相信因果报应的法则，把我这一套说成是迷信。因为他们还有一个理由。

明治维新后，日本结束了锁国政策，看到欧美立足于科学技术，建立了具有强大实力的文明国家，诸国与日本之间差异之大，令日本人颇为震惊。于是，为把日本建设成一个近代国家，明治政府确立了以科学技术立国的国策，从此科学合理的思考方式占了上风，教育也进行了革新。同时，把我刚才讲到的因果报应的法则，命运之类的说法，作为迷信付之一笑。但是，我认为事实上存在着命运和因果报应的法则，而且这是宇宙最根本的法则。例如，“京瓷”以惊人的速度发展，达到一万亿日元的规模，科学技术也许是原因之一，但仅仅强调科学技术一个原因，缺乏说服力。在人生和经营里面，人心的作用，影响巨大。赤手空拳的我、白手起家的“京瓷”之所以成功，原因正在于此。

12

怎样使人生变得美好

人有命运，但算命却没有必要。与其占卜，与其烧香拜佛，不如与人为善，为别人多做好事。只要这样做，人生就能变得美好。

不管你多么富有，多么有名，死亡到来时，只有灵魂可以走向那个世界。这时候，你一生的辛苦，在多大程度上磨炼了你的灵魂，净化、美化了你的灵魂，这才是最重要的。

现在，不管碰到多大的困难，不管遭遇怎样的灾难，都要忍耐。相信自己的人生会充满光明，首先自己的心情要开朗。最要紧的是为身边的亲人、朋友、同事多做好事，小事也行，要有一颗为他人做奉献的心，这样你的人生一定会转机，一定会变得美好。

说真的，这一套应该作为学问在学校里谈论，但到了近代，学校不再讲带宗教色彩的话题。通过“盛和塾”，一贯以来，我对中小企业经营者讲的不是什么经营的诀窍，而是如何提高心性。而“盛和塾”的诸位提出建议："希望不是只教我们经营者，还要向更多社会上的民众讲述这些道理。"很冒昧地讲了上述许多话，希望对大家今后的人生有所参考。

人生决定于在命运中与什么人相遇

◎ 前　言

时隔许久，我又一次来参加名古屋的塾长例会。有这么多塾生前来参会，我感到非常惊喜。参加这次名古屋塾长例会的塾生人数，与十多年前参加全国大会的人数几乎相同，看到这种盛况，我再次感到责任重大，甚至有些紧张。

今天，我讲话的主题是“人生决定于在命运中与什么人相遇”。

为什么提出这个命题，因为回顾我自己的人生，对这一点我有强烈的感受。在我的人生路上，我邂逅了多位好人，我乐意接受他们的好意善意，朝着这种好意善意所指明的方向，拼命努力，由此命运好转，人生之路不断拓展，对此，我感受深切。

希望今日汇集于此的盛和塾的塾生们都能够理解这一点，度过自己精彩的人生。因为这一点不仅仅适用于人生，在经营当中也是至关重要的。

1

与命运中的人生之师相遇

自己的善念唤来他人的好意善意

虽说“人生决定于在命运中与什么人相遇”，但我们在人生中会遇到各色各样的人。首先，我们必须识别其中谁是我们命运中的贵人。是出于利己的动机、个人的算计才向我们提出建议的人，还是出于好意善意对我们出手相助的人，我们必须分辨清楚。

我在这里提到的命运中的贵人，毋庸置疑，指的就是那些充满关爱体谅之心、抱着纯粹的动机与我们交往，并给予我们指导和帮助的人。

这人是否具备优秀的品格，他所提建言是否出于与人为善的单纯动机，首先要对此辨别确认。如果他是纯粹的话，那么要由衷感谢他并接受他的好意，毫不犹豫地朝着他提议的方向，竭尽全力，向前奋进。对于人生来说，这是极其重要的。我相信，这甚至可以扭转严酷的“命运”，让它向好的方面转变。

到了这个岁数回顾自己的人生，我切实感受到，正因为有了这些人的好意善意，才有了今天的我。想到这一点，感激之情从心底涌出，在心里头我会自然而然地合掌感恩。

如果大家扪心自问，静思过去，我想也能够想起与几位良师益友的相遇。会重新意识到，正是因为按照他们指示的方向努力奋斗，才有了自己的今天。

同时，在今后的人生道路上，再与类似的优秀人物相逢，珍视他们给予的好意善意，是非常重要的。

但是，在命运中遇到对自己抱好意善意的人，因而时来运转，要有一个前提，就是自己也是一个抱善念、施善行的人。如果我们一味利己，只考虑自己的得失，那么我们遇到的人也只会是自我中心的利己主义者，他们也会从自己的立场出发，根据自己的利害得失提出意见。这样就不会有好的结果。

如果我们自己是心地纯洁的人，怀着好意善意，那么同类的人必定会聚集在我们周围，怀着好意善意与我们交往。所以重要的是，我们要注视自己的心态，磨炼和提升自己的心性，这样才能邂逅心怀好意善意的人，让我们自己的人生变得绚烂多彩。

促我考中学的土井老师

现在，我就从幼年开始回顾我的人生，谈谈我有幸遇到了哪些心怀好意善意的人，有了他们的帮助才有了我的今天。

我出生于 1932 年，小学毕业时是 1940 年年中，正处于第二次世界大战之中。也许出于这层原因吧，在我的记忆中，小学时代，我既没有主动好好学习，也没有被迫用功读书，在学校里调皮捣蛋，是淘气的孩子王。

小学毕业想考旧制名门初中，因为没认真学习，当然考不上。当时的学校制度，考不上中学的孩子，一般只能在普通高等小学的高等科就读两年，然后找工作。我中考失利后也进入了普通高等小学。这是 1944 年，第二次世界大战结束的前一年。

1944 年年末，我患了感冒，一直卧床不起，低烧长期不退，还总是咳嗽，去医院就诊，被诊断为肺浸润，这是肺结核的初期症状。

当时，肺结核可能直接导致死亡，是非常可怕的疾病。而且那个时代还没有特效药，所以医生的意见也只是“要静养，要充分摄取营养”。但是，那个时代粮食不足，无法补充什么营养。

过完年是 1945 年，当时担任普通高等小学班主任的土井老师，在空袭之中特地来访我家。平日里，我也不曾受到他特别的关照。或许是因为我在高等小学担任班长的缘故吧，就在我父母对他为何前来感到纳闷时，他说“请一定让和夫去读中学吧”，并且他已经代我递交了入学志愿书。

考试当天，他扎着防空头巾来到我家，“我带和夫过去”，他拉着尚发着低烧的我的手，来到了去年没有考上的旧制名门中学的考场。

但是，在那样的身体状况下，我不可能顺利考上。

我想："中学不必再上了，放弃吧。"当时，鹿儿岛市内屡遭美军的空袭，况且我也知道肺结核是不治之症。换言之，或许是因为我幼小的心灵已经意识到"死亡"，所以不再指望升学了。

就在那时，又是土井老师，他再次家访，并向我的父母提出："我希望你们无论如何都要让这孩子去上中学。虽然没有考上鹿儿岛一中，但是还有鹿儿岛私立中学呢。不管怎样都要让他读中学。"

但是，我却表示："老师，我已经放弃读中学了。"我的父母也表示："这孩子抱病在身，我们也不打算让他上中学了。"可土井老师已经把我的入学申请表递交给了鹿儿岛中学。"已经报名了，你一定要去考试！"说完，土井老师就回去了。

一心要帮助自己的学生。遵照土井老师这一片好意善意，我参加了私立鹿儿岛中学的考试，考试合格得以入学。如果土井老师没有为我提交入学申请表，毫无疑问，我肯定会在普通高小毕业后就步入社会。

参加小学同学会时，有的同学小学毕业后开市内巴士，有的当出租车司机，还有的继承家里的小饭店。共话往昔，感慨不已。如果我像他们一样，也在家乡过普通人的生活，那也毫不足奇。我有一种强烈的感觉，我之所以能有今天，乃是得益于土井老师，至今我从内心依然对他感激不尽。

让我就读大学的辛岛老师

1945 年春天，我进入旧制中学，那年夏天，日本战败。由此学制也变了，旧制中学改为新制中学，既可以在 3 年后毕业，也可以在毕业后直接进入新制高中。

辛岛老师是我读过的旧制中学的校长，在我升学后的高中里，他担任三年级的班主任，他教数学。因我酷爱数学，所以得到了他的诸多关照。

高中三年里，我学习还算用功，但是毕业时，由于家境贫寒，我打算在本地的鹿儿岛银行谋个差事。

战后严峻的经济环境之下，加上穷人家里孩子多，父母在经济上很是拮据。哥哥没有升学就参加工作了，作为老二，理所当然，我想我也应该早点工作以补贴家用。

然而，班主任辛岛老师却两次专程家访，“稻盛无论如何都应该去读大学，”他说：“稻盛在学校里成绩数一数二，现在就工作未免太可惜。我知道你们家经济困难，但还是应该让他读大学，让他走自己喜欢的路。请再作考虑。”就这样，他说服了希望我马上就职的父母。

在学费方面，他说：“稻盛在中学和高中都拿到了育英奖学金，只要在大学继续拿奖学金就行，而且只要打零工，总能过得去。无论如何都应该去上大学。”最终他说服了犹豫不决的父母。

我的父母都只读过小学，我是家中的老二，他们压根儿就没想过让我上大学。早就打算高中一毕业，就让我谋个差事，但是辛岛老师一个劲儿地说服他们，为我上大学打开了道路。

如果辛岛老师没有特意来家访，没有说服我的父母，毫无疑义，也就不会有今天的我。

劝阻我前往巴基斯坦的内野老师

就这样，我决定考大学，但却没能考上我志愿的学校，只考进了当地鹿儿岛大学工学部应用化学专业。大学四年期间，我心无旁骛，专心致志，拼命学习。

转眼到了决定工作单位的时候。那时，第二次世界大战结束刚过去10年，而且朝鲜战争刚结束，经济十分萧条，很难找到就职的单位。特别是地方大学的毕业生，要进入理想的公司极其困难。

我的指导教授竹下寿雄老师为此大伤脑筋，为帮我找工作东奔西走。最终找到的是位于京都的松风工业公司，是一家制造电瓷瓶的企业。竹下老师与松风工业技术部长是熟人，靠他们的关系，解决了我的就业问题。

但是，因为我大学的专业是有机化学，所以毕业前只能突击，转攻瓷器即无机化学，由此我转入岛田欣二老师门下，着手研究鹿儿岛县入来地方的黏土矿物，并且将发现多水高岭石的结晶等半年内的成果，写进了毕业论文。因为这篇论文，让我有幸结识了一位恩师。

在毕业论文发表会上，我万万没有料到，我的论文得到了新就任的内野正夫老师的关注。他作为第一流的高端技术人才曾大显身手。

这样著名的老师阅览了我的论文，居然赞不绝口。“你的论文同东京大学学生的论文相比，毫不逊色”，在招待我喝咖啡的时候，内野老师给予我高度评价：“你将来一定会成为了不起的、出色的工程师。”

我一次也没听过内野老师的课程，在大学时代同他几乎没有任何交往，但是内野老师对我的好意善意，在我大学毕业后仍然持续不断。

我工作的松风工业，据说是一家势头有望超过“日本碍子公司”的优秀企业，但是第二次世界大战结束后却持续亏损，在我进入公司的时候，已经摇摇欲坠，连薪水也不能按时发放，要拖后一星期或 10 天才能支付。

尽管我进公司时间不长，但对于这个破公司也不免口吐怨言：“自己的人生将会怎样呢？”我情绪低落。这期间，内野老师每次从鹿儿岛到东京出差时都给我发电报，告诉我“乘几点几分的特快燕子号在京都站停车”，利用停车的短短数分钟时间，在列车的连廊上与我谈心。

内野老师不仅是非常优秀的学者和工程师，同时拥有高尚的品格，他不仅在研究工作上给我建议，作为人生的导师，他在各个方面都同我讨论，给我指导。

在松风工业工作正好 3 年的时候，我与上司在新的研究课题方面意见不合，遂即提出了辞职。辞职是决定了，并且已公之于众，但接下来的去向却完全没有考虑。

正好在前一年，有位巴基斯坦的实习生来松风工业。我照顾了他一个月，并在技术上指导他。该实习生原来是巴基斯坦某绝缘瓷瓶大企业的第二代继承人。

实习期满后，他抓住我，几次三番力图说服我，"希望你能来巴基斯坦，担任我父亲经营的公司的工厂长"。而且，给出的条件相当诱人，薪酬是我在松风工业时的好几倍。

起初我一直推辞，但刚与上司吵架辞职，正好没有去处，于是就考虑接受他的邀请前往巴基斯坦，写信给他并得到了允诺。与内野老师在京都站停车间歇时，我汇报了此事。

未料，内野老师即刻表示反对："绝对不能去巴基斯坦。好不容易积累起这么好的技术，如果你去卖给巴基斯坦，数年后你回到日本，因为日本的技术进步日新月异，作为工程师，到时你再无优势可言。你一定要留在日本继续努力。”

在京都站的站台上，内野老师直言不讳的劝导，让我放弃了前往巴基斯坦的念头。如今想想，如果就那样去了巴基斯坦，那么作为工程师，我很可能只在精密陶瓷世界的入口处窥视一下便半途而废了。

就这样，内野老师以每月一次的频率在鹿儿岛和东京往返时给我电报，每次在京都站的站台上与我谈上四五分钟时间。“研究要坚忍不拔向前推进，这点很重要”。他总能给我中肯的建议。

京瓷创业后，除了京都站之外，我也会利用东京出差的机会前去拜访内野老师。时年，老师已辞去鹿儿岛大学的职务，由其东大时代同级生的介绍，担任日本帕卡濑精株式会社（Nihon Parkerizing Co.,LTD.）东京研究所的所长。

翻阅自己当时的记事本，我曾做详尽的记录：我曾经请他出面介绍东京大学、东京工大及九州大学等大学的相关部门，也曾在新产品、新事业的技术方面得到他的指导。

直至临终前，内野老师对我仍然念念不忘

还有这样一件事情，是在内野老师临终之前。在接到他病危的急电之后，我即刻从美国的出差地火速赶回，在羽田下飞机后直奔他住院的东京都内医院。

内野老师的女儿已经在医院走廊等着我了。当时，她任原厚生省技官。在询问老师病情时，对她为何待在走廊，我感到不解，问她理由时，她回答说："是父亲命我出来的，因为当我在他床边时，他会'思维无法集中'。所以从两三天前开始我就一直待在走廊了。"

更让我感到惊讶的是，内野老师之所以支开他人，是因为他在直面死亡时，考虑的是"必须总结归纳自己的哲学"。

回想起来，"在迎接死亡前必须总结归纳自己的哲

学”，我自己也经常这么说。我因此将人生的最后时光作为“迎接死亡的准备期间”。特别是，我这么说的时候，并没有想到内野老师。我们俩如此不谋而合，这真是不可思议的缘分，我不能不这么想。

“我可以进病房探视吗？”在征求其女儿意见时，她说：“父亲常常念叨‘稻盛君现在怎么样了啊？’所以你来探望，他肯定会高兴的。”于是我被允许进入病房。

进入病房，在其枕边我叫了一声“内野老师”。已经骨瘦若柴的老师立即扭过头来，用沙哑的声音连声说道：“哦！稻盛君，你真了不起！真了不起！”

内野老师知道京瓷在持续发展，他由衷地感到欣慰。躺在病床上，他用兴奋的眼光注视着我的面孔，大声地说道：“干得好！了不起！”我十分惊喜。但是，考虑到说话太多反而会对他身体不好，在表达问候、汇报近况后，我早早地起身告辞了。

直至临终前还一直挂念我，自始至终，以满腔的好意善意待我。这样的恩师无可替代。

现在回想起来，倘若没有邂逅内野老师，没有虚心诚恳地听取内野老师给予的各种建议，我的人生和京瓷的经营肯定与现在大相径庭。他是我的大恩人，我再怎么言谢也表达不了对他的感激之情。

京瓷创业的恩师西枝先生

在向松风工业提出辞职时，我的老上司青山政次先生也一同离开，他将我介绍给他在京都大学时代的同学西枝一江先生。

西枝先生时任宫木电机公司的专务，初次见面时，他对我的态度是“这么个年轻人，能经营企业吗”。但是，经过多次深谈，在反复陈述精密陶瓷的发展前景之后，他终于松口：“那就试试吧。”并且敦促宫木电机的其他董事也向新公司出资。

西枝先生还以自己的住宅作抵押，为我准备了1 000万日元的开业资金。正是靠了他此番相助，京瓷的前身即京都陶瓷才得以创立并开始经营。这正好是50年前，也就是1959年的事情。

这位西枝先生对我教益良多，从经营方式乃至喝酒方法。西枝先生心胸宽广，富有内涵，恬淡寡欲。每当我汇报公司状况时，他总会把京瓷的成长当做自己的事情一样，高兴、喜悦。直到现在，一想起他的身影，我依然想从心底呼唤“我的老师”。

西枝先生总是带我去京都的祇园喝酒。看到我疲惫不堪或者工作上苦恼烦闷时，他总是邀请我：“喂，稻盛君，今天去喝一杯吧。”还教给我酒的喝法。

西枝先生喜欢喝酒，当我坐在他身旁帮他斟酒时，他会说“谢谢”，并且心满意足地喝下去。等一杯喝完后，我再为他斟酒，这回他却说：“你这么急促地给我倒酒，我喝不了呀。酒要放松惬意地喝才好。你不用急着帮我倒酒，你也尝尝这美味的好酒吧。”

于是，我也开始喝酒，不料他又说：“不妨给我也倒一杯呀。”倒酒次数太多就说“不要太急”；不倒呢，又说“不妨再来一杯”。另外，又催我“你也喝呀”。我喝醉时，又提醒我“可不能被酒给灌糊涂了啊”。

也就是说，恰如其分。过犹不及，过度不好，不足也不好。人生的道理也一样，通过喝酒的礼仪规矩，西枝先生教育了我。他真是我人生的良师。

西枝先生在日本新泻县的寺院长大。因为这层缘分，我结识了指导我出家的西片担雪禅师，他曾是临济宗妙心寺派管长。如果没有西片禅师，我的后半生完全可能是另一番景象。仅从这一点来说，也让我再次强烈地感觉到，西枝先生确实是我人生中不可或缺的人。

没在命运中邂逅贵人，也就没有现在的我

回顾起来，土井老师帮助我从小学升入中学；辛岛老师指导我从新制高中考进大学；竹下老师为我大学毕业后的就职奔波，并为我架起前往陶瓷世界的桥

梁；内野老师劝阻我前往巴基斯坦，引导我作为技术人员取得成功；西枝先生赏识我并帮我创建公司。

如果不是有幸遇到这些良师恩公，绝不会有今天的我。而如果没有听从他们的宝贵建议，可以断言，也不会有现在的我。

人生就像铁轨，在每个交叉的节点变换方向。人生的节点就是与命中注定之人相遇，就是他们给予的金玉良言。珍视这样的邂逅，接受他们的忠告，人生的轨道就会朝着好的方向转变。

我自己的人生，特别是少年时期，充满挫折，很是悲惨。第二次世界大战结束时，家宅被烧，我又患上结核，初中升学考试两次落第。后来，高考和就职面试也屡遭失败。就职的公司又是首月工资就拖欠发放的濒临破产的公司。

在这样接连不断的逆境和挫折中，如果我变得心理扭曲，性格乖僻，愚痴恼怒，一味地发牢骚说怪话，并由此走进悲惨生涯，那也毫不足奇。

但是，幸运的是，在我的少年期、青年期的每个节点上，我都遇到了好人，遇到了良师，得到了他们充满好意善意的帮助。毫无疑问，他们当中无论缺少了哪一位，都不会有今天的我。

2

命中相遇友人，助我提升自己

与比自己优秀的人做朋友

刚才就“人生之师”进行了阐述，就是与所谓长辈一级的“命中注定”的人相遇。除此之外，同样重要的是，与同辈人的交往，就是怎么选择朋友，在人生之中，这一条也极其重要。

常言道“人以群分”，还有“志同道合”等说法。在座各位也有很多朋友，一起玩耍的朋友、打高尔夫的朋友、喝酒交杯的朋友，还有兴趣爱好一起分享的朋友、与自己性情投合的朋友。

但是，这类交往即使能够帮助我们享受人生，也很难变为发展性的关系，即在人生路上促使自己提升和进步的关系。

比自己更优秀的人，比自己人格更成熟的人，不考虑自身的得失利害、能以善恶做判断的人，也就是无私的人。进一步讲，与与人为善、能为他人着想的人——这样的人交往是非常重要的。

不仅是因为性情投合，更是因为值得尊敬，如能与这样的人一起游玩、喝酒、打高尔夫，我想，自己的品格可望提升，自己的命运也会好转。

只同自己相同档次、相同思想水平的人，说“档次低”或许失礼，就是只同自己气性相投的人交往，自己的人品不会提升，自己的人生难以好转。特别是我们这些经营者，需要站在前头带领众人前进。因此，即使交友，也要结交比自己更优秀的人，借此提升自己，我想，无论如何这都是非常必要的。

交流人生和经营的“心灵之友”宫村先生

谈到这样的朋友关系，我首先想到的，就是与挚友宫村久治先生的交往。

与宫村先生的相会要追溯到40年前。当时，京瓷飞速成长，我正考虑让京瓷在大阪证券交易所第二部上市，为此要寻找审计法人。某都市银行京都支店长向我介绍了宫村先生。

当时，宫村先生 48 岁，我 39 岁，他比我年长 9 岁。见面后，发现此位大叔不好相处，难打交道。“请您当监事”，当我提出委托时，他却说：“你是这么轻易地就委托了我，我可不会随便就答应你”。

他还问我：“做财务决算时，我会给你提很多意见，提各种要求，你能够虚心听取并且照办吗？”

我答道：“那是当然，将作为人应该做的正确的事情以正确方式贯彻到底，是我一贯的信条。不正当的事情，我绝不会干。做财务决算也一样，只要是你提出的正确的意见，我一定会坚决贯彻执行。”

不料他又说道：“不，大家都会这么说。经营顺利时，如实做账没有问题，所以大家都这么说。但是，一旦遭遇萧条，经营困难，决算数字不理想，就会跟我们这些公证会计师说，‘不要那么死板嘛。这个地方，可以这样改一下嘛’，曾经说过漂亮话的人也会要求我们帮着做假账，粉饰决算。”

他看着我，言下之意是：“你不也是这类人吗？”听他说话的口气，我也不由得沉下脸来：“没有这回事！我绝不会那么说。无论任何时候，我都不会改变自己的信念。”宫村先生遂即说：“那么，大丈夫一言为定啊！”他总算接受了审计的委托。

言辞虽有交锋，但以彻底的光明正大的方式监查企业，宫村先生这种不妥协的态度深深地打动了我。在那以后，他作为京瓷的审计法人，作为我的挚交，于公于私我们的交往都极为亲密。

他不好亲近、爱理论，总是与我意见相左，在各种问题上都与我有争论冲突。但是我们谈会计、谈经营、谈时局、还谈人生，在这过程中，我们成了真挚的朋友，一起喝酒，一起打高尔夫。

就是游玩也不全是游玩，打着高尔夫的时候，会谈及人生观的话题，喝酒的时候，也很快会谈起人生或政治，因为意见不一，所以立即又会争论起来。

我是我，我坚持我的观点："宫村先生，你说得不对哦！"而宫村先生是宫村先生，他也不改主张："你的观点绝对错误！"争论归争论。但他生病的时候，我会非常担心，并前去探望，而我身体欠佳时，宫村先生也会反过来关心我，给我很多忠告。

其中，我们经常辩论的是宗教问题。宫村先生的母亲笃信宗教，每天早晨，夜色未明时便起身参拜，其夫人也是虔诚的基督教徒。唯独宫村先生本人，毫无宗教信仰。

听说他母亲用心参拜，我就对他说："正是因为令堂深信宗教，才有今天的你呀。"结果他也只是表示，"是吗，是吗"。当我谈论起"灵"或"魂"的话题时，他也只是"哦，哦"地点一点头。

晚年时，他已不再像当年那样反驳我，而是更多地倾听我的观点，但是看那样子，他并不理解、也不相信我的理论。因为我讲得热情洋溢，他也就"那也是，那也是"的随声附和我。但直到最后，他仍然没有什么宗教信仰。

但是，在企业收购等重要经营决策时，我肯定会最先与宫村先生商谈。“其实，现在我在考虑这样的事情”，当我谈到某个 M&A 的事例时，他会细致周密地思考我的立场，公正公平，完全不计较他自己的利害得失，“你想得很对。应该这样做！”给我有力的鼓励。

即使问题超出公证会计师的范畴，涉及律师的领域，宫村先生也总能提供正确的见解，给我非常宝贵的建议。与宫村先生结识以来，京瓷和 KDDI 收购了多个企业，无论哪次，都得到了宫村先生的全力相助。

在私人生活方面，宫村先生也常常帮助我。我的心全放在工作上，对自己的事情无暇顾及。宫村先生为我介绍宅基地，甚至自作主张，帮我寻找建筑公司，以至建造房屋，他都为我操心。而我就买下了他推荐的土地，按照他的意见建造了住宅，直到现在还住在那里。甚至，我的个人财产也是宫村先生通过我的弟弟全权打理的，他为我营造了一个可以全身心投入工作的环境。

先生常常邀我去京都的祇园或先斗町“喝一杯”，我们总是两个人前去喝酒。先生不是特别能喝，但是一边放松身心享受美酒，一边讨论人生，讨论工作。因为我们总是只谈工作，艺妓来到我们旁边也会觉得无趣吧。

但是，从与先生不经意间的日常对话中，我受到许多启示。同时我也给了他相当的影响。先生也总是感谢我：“我觉得，和稻盛亲密交往，作为公证会计师，我也变得更优秀了。”

特别是，对我的会计学和阿米巴经营，先生惊叹不已。“你通过自学，居然创立了那么精湛的会计学！”对我大加赞赏。

遗憾的是，2001 年岁末，12 月 29 日，先生辞世而去。但就在前一天的 28 日，我们还一起去吃河豚，欣喜而归，未料次日他便去世了。当然，不是因为河豚中毒。

直到今天，我还会偶尔想到：“如果宫村先生尚在的话，还能一起畅饮美酒……”他是我无与伦比的、可以称为心灵之友的朋友。

3

形成共同学习的“磁场”

对恩人的感谢之心带来对他人的体谅之情

前面，在回顾自己的人生的时候，我再次认识到，靠命运中相遇的多位好人才有了我现在的人生。想到这一点，我又再次从心底产生了对他们的感谢之情。

回顾起来，在人生中，我最初产生感谢之情，记得是在二十五六岁的时候。

虽然我的前半生不幸的事情接二连三，但进入松风工业后，我专注于研究，带着研究成果创建了京瓷。回想起来，能有今天，就是因为与各位良师益友的相遇，并得到了他们的帮助。

想到这里，对于今天自己的存在，也应该表示感谢，我开始有了这样的想法。特别是从创建京瓷起，那个总是发牢骚、鸣不平的自己已经完全消失，强烈的感谢之心开始油然而生。

涌出如此强烈的感谢之情，自己很“幸福”这种感觉也开始产生。感谢邂逅的人、感谢社会，与此同时，就会意识到“自己是多么的幸福啊”。这样，进一步就会祈愿除自己以外的人也幸福，对他人的关爱体谅之情就会自然地流露出来。

也许是出于这个原因吧，在 8 位年轻伙伴创建的京瓷公司里，虽然我自己对经营、对社会几乎一无所知，但伙伴们在歃血写下的誓言中，就有“为社会为世人尽力”的字句。

“在大家的帮助下我们创建了公司。这是非常幸运的事情。为了对此表示感谢，我们必须为社会为世人尽力。”正因为持有了这种强烈的意识，创业时的誓词血书中才会有“为社会为世人尽力”的表述。这一点我至今仍然记忆犹新。

剥去伪装才能哲学共有

京瓷开始运行了，企业究竟该如何经营才好呢？我苦恼不已。聚集了 8 名伙伴，招进了 20 名员工——28 人共同创建的企业，如果经营失误，公司破产，后果不堪设想。好不容易会集于此的员工，绝不能让他们流落街头。我心里发誓一定要“付出不亚于任何人的努力”，拼命地工作。

同时，在努力工作的过程中，除了向命运中遇到的良师学习以外，我自己也不断加深对事物的领悟。为了更好地推进工作，必须具备何种思维方式呢？要让仅有一次的人生精彩纷呈，必须用什么人生观来处事呢？我每天都把当时领悟到的思想记录在实验笔记本的边角空白处。

以这些笔记为基础，我不断向大家阐述“应该抱这样的人生观，应该按这样的思维方式行事”。京瓷快速成长，人员不够，为此，常会录用有工作经验者，公司里有很多比我年长的人。

我认为必须统一全体员工的思维方式，所以我常会找那些年长而思维方式有错误的人深入交谈。

我专注于研究，为销售而奔波，反复思考经营中的问题，与此同时，我使用在笔记本的边角空白处所做的记录，说服他们："经营企业也好，度过人生也好，都应该具备这样的思维方式。"

但是，很多有工作经验的人，通过过去的工作经历或者人生经验，都持有了各自不同的独有的思维方式。特别是人到四五十岁时，都形成了某种固定概念。仅凭我说那么几句，他们很难听进去，很难虚心接受。

即便如此，对那些年长于我的人，虽然失礼，但我仍直言不讳："你的想法不对！所以你的工作做不好。"我像老师教育学生一样，训斥他们。

可是年长的员工并不会轻易接受我的想法。为此我烦恼不堪，要改变思维僵化人的观念，除了将固定概念从他们身上剥离之外别无他法。我开始这么想了。

我请与我观念一致的几名干部协助："这样下去可不行。一定要改变那些人的观念。为此，只好采取'剥去伪装'这种方法了，将他们的固定概念从身上剥离出来。”

录用的有工作经验的人当中，有出身于一流大学的，也有在中央官厅以及一流企业工作过的。越是那样的人，越是有很多不需要的固定概念，要把这些全部剥除出去。

这就好比在严冬时节将其身穿的衣服从外套到上衣再到内衣一件件全部脱掉。对方会拼命抵抗，极力保留自己的衣服即那些固定概念。但还是要连内裤在内统统都强行脱掉。

剥去伪装、全身赤裸时，大家会看到自己的寒酸相。学历、工作经历等，人会套上各种伪装，做出好看的样子。将这些虚假的东西全都去除，人才会意识到自己多么丑陋，多么难看。

让自己的原形、一个真实的自我完全暴露出来以后，我就会让他们重新学习、掌握我一贯强调的“思维方式”、“人生观”，就是所谓“哲学”，也就是我常在笔记本上写下的感悟。

经营者总希望员工们理解公司的“philosophy”，即企业哲学，但事情没有那么简单，员工们往往并不理解。各位盛和塾塾生也一样，如果只在公司里时不时地讲讲哲学，员工很难接受。

正因如此，我才会用“剥去伪装”的办法，拼命实现哲学共有。真正想把哲学渗透下去，只有经过“剥去伪装”这种激烈交锋的过程才能做到。

只有这样，员工才会从心底理解并共有哲学，才会实践这样的人生观和思维方式。随着这样的员工在公司中逐渐成为多数派，在正确的方向上形成公司合力，公司就会快速地、茁壮地成长发展。

只有身处哲学“磁场”，才能发挥伟大的力量

然而，随着公司的发展，有的员工会产生一种莫名其妙的自信，甚至蜕化变质。在京瓷有才能的干部中，就有人得意忘形、傲慢自大起来，并最终离开

公司。

正好在京瓷上市的时候。有人自以为是:“我能干,有本事,是我在引领公司的发展。”他们太过自负,他们从京瓷辞职跳槽。开始时,听说他们在新公司颇为活跃,但渐渐地这种传闻听不到了,后来他们都销声匿迹了。

这样的事情,我曾经认真地思考过。我把它理解为 magnetic field,即“磁场”这种物理学现象。就是说,大家共有 philosophy 即企业哲学之后,力量统一在相同的方向上,齐心协力,努力工作。这样就会形成强大的力量,犹如“磁场”一般。

只有置身于这样的“磁场”,在共有哲学、依据哲学工作的时候,才能够发挥出巨大的力量;如果离开这样的“磁场”,就失去了力量,只能成为“平庸的人”。

就是说,自己好不容易因为哲学而得到了提升,一旦离开了由哲学形成的“磁场”,就会回到以前的低层次的自我,因而无法顺利发展。

京瓷就是一个具有生命的“磁场”，这里有哲学，聚集着众多赞同这种哲学、拥有这种哲学的人。一旦离开这个“磁场”，即使自以为已经掌握哲学的人，他也无法依靠自己的力量去坚持这种哲学，因为哲学要在相互影响中才能得到提升。所以辞职离开的人即便自以为充分地理解了哲学，也会随着时间的流逝而逐渐丧失哲学，因而无法做好工作。

我独自这么想，我也对我的部下说过：“在京瓷这个‘磁场’中，也就是在京瓷哲学的氛围中，大家都相信这种哲学，相互影响，这时候才能发挥出伟大的力量；而离开哲学这一‘磁场’，就难免沦为平庸的人。”

正如今天跟大家讲到的，在人生中，我们邂逅命中注定之人，接受他们的善意好意，按照他们指示的正确的方向，拼命地付出努力。在此过程中，我们领会了他们教诲的“思维方式”、“人生观”。还有一条，我们自己在工作中历尽艰辛，提炼出自己的“思维方式”和“人生观”。这两者相加就是所谓“哲学”。

以这种“哲学”、这种“思维方式”、“人生观”为基础，再持有不以自己的得失、而以事物的善恶为依据的判断基准，同时加上充满善意好意的关爱体谅之心、利他之心，这样就能够形成强大的“磁场”，只要身处这种“磁场”，就能够发挥出卓越的才能。

盛和塾是哲学共有的“灵魂之友”的集合体

会集于此的盛和塾塾生都是经营者，是公司的领导者。如果要当经营者，大家面临的问题就是：能否在自己的公司里形成这样强大的“磁场”。既然是经营者，就必须千方百计在自己的企业内营造强大的“磁场”。让自己集团的所有人都获得幸福，让他们的人生都向好的方面转变，这就是当经营者的诸位的责任。

在人生中相会的人，通过相会成为自己导师的人，因他们的帮助使自己的命运好转。这是一条。另一条，把自己学到的哲学植入自己的团队，在团队中形成强大的“磁场”。就靠这两条，就能使我们的经营和人生变得更加丰富和充实。

以前我就跟大家说过，盛和塾是“灵魂之友”的集合体，是发自内心彼此信赖且心灵相通的同伴的集团。

这样的500人甚至1 000人会聚起来所形成的氛围是祥和的、美妙的。而一般的研讨会或讲演会往往有一种张扬喧嚣的气氛，讨论话题时也给人冷漠无情的感觉，但是这里则完全不存在那样的问题。

所以才会有很多“追星族”为享受这美好的氛围，不顾工作繁忙，不管路途遥远，自负差旅开销赶来参加。仅从这一点看，也足以说明盛和塾和今天的集会，都是具备强大“磁场”的场所、团队。

盛和塾是哲学共有的“灵魂之友”的集合体，因此才能形成具有强大力量的“磁场”。只要在盛和塾的“磁场”里不断钻研，就一定能够度过精彩的人生，成就卓越的经营。

当初形成于京瓷企业内部的强大“磁场”如今通过盛和塾正在向全国甚至全世界扩展。在这个“磁场”里坚持钻研的人会学到哲学，度过精彩的人生，实现出色的经营。而离开盛和塾“磁场”的人，就如同辞职离开京瓷的人一样，今后也很难一帆风顺吧。

应该称做我的灵魂之友的各位盛和塾塾生们，希望你们能够意识到这一点。今天通过回顾自己这大半辈子经历，阐述了我的观点。

我祈愿大家都能珍视在命运中邂逅的贵人，按照他们的好意善意所指示的方向努力迈进；通过自己的学习钻研在公司里营造强大的“磁场”；珍视在盛和塾这一强大“磁场”里学习的机会，让自己的人生更美好、经营更成功。我的讲话到此结束。

感谢诸位聆听。

稻盛哲学改变着我和企业

薛伟斌

罗莱家纺股份有限公司成立于1992年6月，是由我们兄弟两个及家属创业，从事家用纺织品研发、生产和销售。通过近20年的努力，目前已成为中国家纺行业的领先企业，2009年9月，公司在深圳中小板上市。

前两年我有两个困惑：第一个困惑是幸福从哪里来？以前听人说一个人要想获得幸福，首先要有钱，有了钱之后要有闲，那么你就幸福了，即“有钱+有闲=幸福”。我呢，事业上也算小有成就，企业也上市了，就想轻松一点，陪陪老婆孩子实现“有闲”，但是感觉这样做也没有想象的那么幸福，所以对这句话产生了怀疑，感觉人闲下来还没有前几年投入工作时那么充实，这是第一个困惑。

第二个困惑是怎样来激发员工的工作热情，这也是许多企业家想做到的。

这两个困惑其实有点矛盾，既想自己有闲，又想要员工投入热情，现在看起来有点自私。怎么激发员工热情，通常我们企业里用的是绩效考核。绩效考核有用，但是，也有负面作用，随着企业的扩大，负面作用越来越明显。为什么呢？首先，我觉得每年定这个指标，员工希望定得低一点，因为这跟他拿工资有关系，如果定得高了，他完成不了，那么对他的升职加薪都有影响。每年九十月，从上到下就要开始较劲了。我站在他们的立场上也可以理解，企业是希望增长得越快越好，但是他们拿钱少了，这也不对。而且绩效考核也让企业和员工之间变成了金钱关系，我觉得这个特别明显。

那么靠企业文化。这几年里我们公司在企业文化建设上面花了不少精力，我自己也花费了不少精力，我觉得收效比较小，落地比较困难，对员工行为的改变不明显，除了那些从很早就加入公司我们言传身教的人外，让许多新来的员工能够理解公司的价值观，并很快地认同，而且体现在行为上，我感觉挺难的。

通过白立新老师的课程，我接触了稻盛哲学。经过反复学习，越来越强烈地感觉到稻盛哲学正是我们要寻找的。我觉得稻盛就是我们企业界的王阳明、曾国藩，他是企业家和领导者的典范。我觉得要做人就要做像稻盛这样的人，做企业就要像稻盛这样做，这才有意义。如果我能早一点接触到稻盛哲学，并早一点儿领悟，那么我相信做人和做企业将是与现在很不同的一番景象。

1. 对稻盛哲学认识的粗浅

我们创办企业，做到一定程度实现了物质富有，物质富有了就真的能带来幸福吗？其实并非如此，我们看到很多企业家，在物质富有后，对精神追求越来越强烈，有的人信佛，有的人做公益、做慈善，我觉得他们做这些都是为了寻找精神上的寄托，我个人也有这种体会，以前认为成功了应该会幸福，但是自己真的没有感受到。

那么到底幸福是从何而来呢？我现在有一点体会，也是稻盛带给我的：修炼灵魂，提升境界。其实我们不幸福不是因为我们钱多或钱少，主要是太在乎自己，太计较自己的得失，如果把自己，也就是“我”的成分减少一点点，把境界提高一点，多为他人着想，幸福感自然而然就来了。以前创业、做事业都是为了自己的成功，最近一段时间开始少想自己，多想想员工，多想想怎么才能为客户做点儿什么，慢慢地自己的幸福感就增加了。现在是真的相信人活着就是为了提升境界，修炼灵魂。

另一个体会是，我们能留给子孙的最重要的财富其实不是物质财富，而是精神财富。把很多的物质财富留给子孙，如果子孙品行好的话，他也不需要这些财富；如果他品行不正的话，你给他越多对他越不好，还可能危害社会。所以我认为留给子孙更重要的财富是精神财富，精神上的富有是真正的富有，能够真正将他们培养成为品格高尚的人，这样父母也是最放心的。无论有钱还是没有钱，我们对孩子最大的希望就是让他成为人格高尚的人，如果他人品很好，那么他自己就会有出息的，他不可能养活不了自己。我们最担心的是他结交坏人，变成坏人。所以我认为留给子孙更重要的财富是精神财富。

要留给子孙精神财富，我们首先得自己有这笔精神财富，自己都没有，自己都不能以身作则，提升自己，那么怎么能留给子孙呢。从这一点儿上我也更相信了稻盛的这一句话“人活着就是为了修炼灵魂”。还有一点就是，我们都希望子孙后代的生存环境能越来越好，不再有毒奶粉、毒馒头，如果我们能从自己做起，并影响到更多的人，也许就有希望。

我们修炼灵魂不一定要到寺庙去，我们可以在工作当中去修炼。把自己的精神追求和企业经营结合起来，这是稻盛哲学带给我们非常珍贵的一点。在日常工作生活当中我们可以通过“六项精进”来帮助我们不断地修炼，怎么样去积善行、思利他，抱着一种感恩的心态，不断地反省自己，放下自己感性的烦恼，这让我找到了精神追求和企业经营的结合点。这是最能打动我的一个地方，以前经营是经营，精神追求是精神追求，两者很难结合起来。

我对稻盛哲学还有一个认识，它是一种简单而实用的成功学、领导学。它的成功学在于它的简单的人生方程式。人生·工作结果 = 理念人格×热情×能力。我们兄弟俩从一个农村的贫困人家的孩子，到现在如果能算有一点成功的话，那么确实是符合了这个方程式。一个人不管能力怎样，如果真的照这个去做，我相信就一定能够取得成功。

稻盛先生用“经营十二条”简单地阐述了领导学。现在有很多书讲领导学，看来看去讲的也很复杂，看了也记不住。但是这个“经营十二条”很简单易懂。如果一个领导者真的按照“经营十二条”去做了，那么他一定能成为一个很成功的领导人。但是，我们很少有人能坚持做到。可能刚开始创业的时候能做到一点儿，稍微有一点儿成功就做不到了。其实稻盛总结的这些东西，在我们创业的时候很多方面也是这样做的，但是后来就不行了，企业稍微大一点，就不想那么辛苦了。

稻盛哲学还是与时俱进的哲学。稻盛哲学来自我们古老的东方文化。虽然渊源古老，但也是与时俱进的。稻盛先生的一句话讲得非常好，“作为人，何谓正确”，这句话我们永远可以讲，永远可以追问。

虽然随着时间的变化，“作为人，何谓正确”也许会有一些变化，但是如果一直按照这一句话去反省自己，它永远是与时俱进的。可能过了一百年之后，“做人何谓正确”的标准会发生一些变化，但是留存下来的东西肯定是作为人应该做到的东西。拿这个来要求自己是不会落后的。以前我们企业的核心价值观归纳了几条，但是往往是重视了这方面就缺了另一方面，而且偏重于做事，忽略了如何做人，如果拿“作为人，何谓正确”这一个原则来要求自己，就不会遗漏了做人的要点，把做人与做事结合起来了而且是不会过时的。

2. 对阿米巴经营的认识

我们企业从今年 7 月 1 日开始成立专门项目组推行阿米巴经营，我对它的看法，现在还很粗浅。

我觉得阿米巴经营把企业管理回归到经营的本质。我们原来天天讲管理，管理弄得越来越复杂。比如说绩效考核，指标少了吧，觉得不全面又短视，只有销售、利润这几条；但是如果把很多其他指标加上的话，内容又太多，失去了方向，让人不知道该做什么了，这是绩效考核的一个困境。如果通过阿米巴的 5 个数字，通过内部的核算机制，最后就越来越回到经营的本质。通过阿米巴，能够很快地把经营变得简单化，我们打算下半年等阿米巴成熟之后就把绩效考核给改了，不要绩效考核了，业绩就看阿米巴的 5 个数字。

阿米巴经营可以把官僚的管理者变成小老板、教练和服务者。管理者职位稍微高一点儿，慢慢就变得越来越官僚，权力越大越集中，对下面的指导服务就少了。我们原来的体制就会让管理者变成官僚，会让企业也变得越来越像官僚机构。采取阿米巴经营之后，因为各单位都是独立核算的，每个阿米巴有很高的自主权，那么领导要做的不是怎么去管理他们，而是怎样去帮他们实现经营业绩，怎么去做好服务、解决问题，反应速度就会加快。所以我觉得这是一个非常大的改变。

阿米巴发表会是每月的述职报告和培训会。我们8月做了第一次经营发表会，9月5日、6日做了第二次阿米巴经营发表会。我感觉发表会对阿米巴长来说压力很大。我们的那些小阿米巴长就怕我们提问题，上去讲的时候都很紧张。他要是做得有成绩，他上去就会讲得很丰满，他要是没有成绩，他讲什么呢？要是让我上去讲，我也是觉得必须要把PPT做好了，当然首先得把核算表里面的数字做好了，才有内容可讲。

另外，发表会现场也是一个很好的培训会和交流会，高层经营者可以利用这样的机会把经营理念和方法传递给阿米巴长。

我听到有些企业家有这样的疑问，就是做阿米巴为什么先要哲学共有？我先做阿米巴就完了嘛，干吗还要先学习稻盛哲学？开始我也这样认为，对于学习哲学，一些老板感觉很犹豫。我前些天去日本，在路上，听人说学习稻盛哲学就是学“葵花宝典”，就是“欲练此功，必先自宫”。**“自宫”是什么呢，就是你要克服掉自己身上的那种自己不想努力却想让员工去努力的心态，克服你的自私自利。**不学哲学先做阿米巴是有问题的，我们开始推得也比较急，我们在4月开始推的稻盛哲学，7月就做阿米巴，后来发现了一些问题。

阿米巴就是让员工都变成小老板了，小老板是一定要斤斤计较的，因为不斤斤计较，他就不是一个经营者，这是对的。但是斤斤计较不能损人利己。我们刚开始做的时候有的人就有些损人利己了，原来可以配合的他就不配合了，因为他说我现在每小时的附加值要200元，原来50元就可以搞定的事情，因为要内部结算，他说我要收你 200 元。这样协作就变得困难了，如果没有利他的思想，怎么做下去呢？

另外，**各阿米巴是在确保整体利益最大化前提下，努力提高本单位效益。**如果整体利益没有了，本单位的效益再好，那也是没有用的。一定要考虑整体利益，一定要有全局观念，这样，一定程度上要无私，不能只看自己阿米巴的业绩，这一点也是非常重要的。

还有，就是稻盛哲学里非常重要的一条：“做人何谓正确”。阿米巴的数字不是财务做的，而是各阿米巴自己报的，虽然有双重确认、一一对应的原则，但如果两个人都同意把这个数字改一下，那就完了。所以必须先有“做人何谓正确“这个原则，才能再去做这个事情。如果还有人这样做，一经发现，就要严惩。先要跟他们讲明这一点，跟他们讲明“高压线”在这里，不许碰，你不讲这个，他就会觉得无所谓啊，你公司也没说什么啊。所以要做阿米巴就必须先做哲学共有。

我 7 月去了一趟日本，参加盛和塾世界大会，并参观塾生的企业，刚开始去的时候，也没有抱很大的希望，最后真的感到收获很大。

我到了日本之后，第一点，**觉得日本企业生存很艰难**，他们的增长率是很低很低的，前面经历过泡沫经济、石油危机、日元升值等，有的企业真的是九死一生，非常的艰难。他们的生存环境要比我们中国严峻千万倍。我们现在的日子真的很舒服，我们应该居安思危。我们接下来如果再来一次金融危机肯定要比上一次严重，因为刚刚过去的金融危机，是国家超前投资了很多固定资产才拉动起来的。下一次就没有必要投那么多钱来搞这个了，所以危机带来的影响肯定会更严重。我们现在就要强身健体，而稻盛哲学正是可以帮助我们的。

第二点，**我感受到日本企业家的勤苦认真**，是我们中国企业家没法比的。我自认为跟他们比，差得太多。

还有一个感觉，就是**日本的环境很干净很整洁**。日本所有的角落里都很干净，细节的地方都很整洁。于是我有了一个感悟，美好的环境来自美好的心灵，日本人的素养整体来看确实是非常高的。我觉得稻盛哲学是能帮助我们美化心灵的。

在今年盛和塾世界大会上，中国企业家去了 120 多个人，但是没有人发表论文。我就有一个愿望，**希望我们中国企业家能够尽快地在世界大会上做经营发表**，大家一起来付出不亚于任何人的努力吧，做得好的能够早一点儿去上面拿奖，并聆听稻盛塾长的教诲。这样在中国企业家里推行稻盛哲学就会有更大的力量。

我这次也是第一次听到了稻盛先生的演讲。我觉得稻盛先生无私无畏，真是一个活菩萨。他以 78 岁的高龄出山拯救日航，一个稍微有一点儿私心的人绝对不会去干，因为要是干不好，一世英名就全坏在这里了，所以他是一点儿私心都没有。在接近 80 岁的高龄，还推广盛和塾，我觉得他真是在普度众生，让人非常感动。

3. 学习稻盛哲学之后的改变

一是找到了工作更高的意义。跟前两年很不一样，我觉得工作的价值就是修炼灵魂，在工作中去成就他人，真正为员工、为客户去创造物质和精神两方面的幸福，自己才会幸福。

努力去提高自己和员工的精神境界，追求走正道，办好企业，对社会有所贡献……这就是我找到的工作的更高意义。

二是我工作的激情也比前几年创业的时候更加强烈。我自己认为这是再次创业，是真正的事业。以前的事业是改变自己的命运，让个人实现成功。我为什么说这次是再次创业呢，因为里面融入了我的精神追求，有我的灵魂在里面，这是真正的事业。我记得有一位哲学家说过，事业是精神性的追求和社会性劳动的结合。以前我们无论做企业还是社会性的劳动，没有或很少融入精神追求。

三是我也重新回到以前创业的那种状态中去了，更多地关爱员工，跟员工打成一片，像以前一样，跟他们在一起吃饭、聊天、喝酒……但是这次又跟以前不一样了，这次跟他们融合在一起有了更高的意义了，不仅是关心他们，同时把公司新的追求传达给他们。

四是更多地到现场去。前两年已经很少去现场了，很多的问题都不太懂，一线员工有很多困难，上面的领导很多时候感受不到，我对这一点有一些负罪感。贯彻现场主义之后，我自己的幸福感也提升了，天天跟基层员工跟客户在一起也挺充实的。看到他们的成长，听到他们对稻盛哲学的理解，我也很高兴。

五是健康状况也改善了。前两年总睡不好，现在无所谓睡得早晚，睡眠质量反而好起来了。这一点可能就是稻盛说的，工作就是身体健康的灵丹妙药。

4．真正的实践

之前和上海的几位企业家一起发起了上海盛和

塾，我认为这件事是比做其他的公益、慈善更有价值的一件事情，是一个美化心灵的事情。如果能够让更多的企业家一起来学习实践稻盛哲学，这是我们对这个社会很好的一个贡献。而且这个事情可以跟我们的工作结合起来，有这么一帮知心朋友一起交流实践稻盛哲学的体会，可以相互提高。

我们的企业也逐步地有了一些改变，最初是最高管理层学习《活法》、《干法》，每个礼拜总监级的分小组集中学习，我也会参与到小组中去，花了大量的时间。后来就把《干法》发到所有的管理人员手中，让大家统一学习写得比较通俗的《干法》。

在这期间我们还修改了企业的经营理念。以前我们的经营理念也有，但更多的是挂在墙上的，没有到心里去。这次我们总监级开了两次会议，一起坐下来确定了这个大家真正认同的大义，这个对我们企业的帮助还是很大的。

从日本回来以后，我们引进了日本的晨会制度。

每天每个部门 8~10 个人一个小组，结合《干法》的学习，围到一起分享工作中的体会。我要是在公司的话每天也会参与进去，听听他们怎么说的，我也会发表自己的看法。稻盛哲学已经成为我们的日常语言了，比如说“付出不亚于任何人的努力”，成为“自燃型的人”，“现场主义”，“利他”等。原来是没有这种语言的，现在这种语言在公司里已经很流行了。不管大家是不是理解认同，反正先有了，等以后时间长了，我相信大家慢慢地也会真心相信的。

7 月 1 日我们开始推行阿米巴经营，我觉得在生产部门阿米巴的推行是非常快的。生产部门人比较单纯，你说让他们学习稻盛哲学，他们也学得很认真，然后学了就干。我们公司有个行政部的清洁工，我听过她两次的分享，讲得非常好，比我们的大学生还讲得好。有一次她说到“有意注意”，稻盛书上讲的“有意注意”是比较难理解的，但是她一说就说到了点子上。我现在觉得可能是我们这些高智商的大学生思想都比较复杂，比较难以接受，反而是思想比较单纯的人更容易接受。

生产部门做得很快，第一个月做经营发表会就做得有点样子。那些车间主任在发表会上表现得就像个小老板。有的人平时表达能力不行，但是一上台就说我们是怎么怎么做的，竟然很流利，我觉得很有意思。后来第二个月的发表会讲得更好，又简单又清晰，而且真正开始有成效了。

原来我们车间的在制品数量是很多的，财务部门想了好多方法，但都没能解决这个问题。这两个月已经大为改善了，因为这个在制品不能算销售，现在他只要把他车间里的东西交出去他就是实现了销售，那他马上把在制品统统交出去。在制品少了，车间也干净了，公司也省资金了，销售部门也及时拿到货了。9月 5 日的发表会上，他们说我们下个月再盯着在制品已经没有多大意义了，所以得把费用降下来，还有提高效率缩短加班的时间。一说就说到点子上了，原先跟他们说这些，要用很多手段，很多管理机制。以前要绩效考核，他们也顾不到处理在制品这些事情上来，现在一弄阿米巴，很快就解决了。

最近，结合稻盛哲学的学习和推行，我们也在改善员工工作和生活环境及福利方面下了不少工夫。如延长年休假时间、建立伙伴基金等，这些都是站在员工的角度上，让员工感受到公司越来越关心他们的幸福。

5. 罗莱新的经营理念

我们公司的使命现在改为“热情点燃生命，良知成就事业，创造伙伴幸福，共建美好社会”。

热情点燃生命，良知成就事业，跟稻盛的人生方程式基本上是一样的，就是每个人要点燃热情，改变命运。每个员工的热情点燃起来，能够充分发挥潜能，实现个人的成长、成功，整个企业的效益也会提上去。热情点燃起来以后不能干坏事，要成就事业必须要凭良知，走正道。创造伙伴幸福就是创造我们伙伴物质和精神两方面的幸福。通过稻盛哲学的学习，让大家能够在追求物质财富的同时，也能兼顾精神上的提升，那么也就提高了大家的幸福感。同时我们对这个社会也会产生一些好的影响，影响到员工家庭、客户和社区，同时作为行业领先的企业，能够成为行业里的表率，带动更多的企业来一起推进稻盛哲学，为建设美好的社会做贡献。

我们公司的愿景是“成为受人尊敬的、全球性行业领先企业”。我们坚持凭良知，走正道，对员工负责，对客户负责，对股东负责，对社会负责。以此成为受人尊敬的企业；在此前提下，我们要拥有国际知名的自主品牌，占有全球市场的重要份额，保持行业领先的发展水平。以此成为全球性行业领先企业，这是我们经过全体员工讨论达成的、普遍认可的，大家都觉得还是很振奋的。

我们因为刚刚开始做，所以值得分享的内容也不多，希望拿出来让大家批评指正，请大家多多指导。

哲学与我的经营

盛和塾“札幌”

株式会社花丸　代表董事社长

清水铁志（59 岁）

今天，我演讲的题目是："哲学与我的经营。"讲述我认识塾长前20年、认识塾长后14年间的经营和人生。我遵照塾长指引的道路前行，我不会偏离人生的正道，我为此感到幸运。我对塾长充满了感激之情。

我于昭和27年，即1952年，出生在北海道的最东端——根室，一个渔民的家庭。从小就胆小怕事，是一个真正老实巴交的孩子。做剑斗游戏时，被砍倒在水坑里的角色一定是我。我记得小学2年级的时候，在体育课上，我因为不敢说"老师，我要撒尿"而当场尿了裤子。

高中时，我得了脸红恐惧症。不但同女孩子，就是跟男孩子讲话都会脸红。

而且症状越来越严重，与幼儿园小朋友对视都会脸红，最终发展到走近学校200米的时候，就会不由自主地脸红起来。

我总是坐在教室的角落，无论多么寒冷的冬天我都不会去炉子周围人多的地方。总跟我在一起的只有一位同学，外号叫“与太”，意思是傻瓜，是单口相声“与太郎”中出现的那种木讷人物。

高中时代也过得很窝囊，不敢跟人说话。但不知为什么，那时我却很想成为一名相声演员。“爸爸，毕业以后我要去当相声演员”，当我一说出口，父亲骂一声“白痴!”我就乖乖地放弃了当演员的念头。

后来我去了札幌的专业学校。但是脸红恐惧症一点儿没有好转，有一次在杂志上看到东京有家专门治疗这种病的医院，还特地去了。因患脸红恐惧症，我总是胆怯，度量也小。所谓“三岁的魂，百岁难变”，我谨小慎微的毛病，基本上到现在也没有多大变化。

19 岁的时候，我来到东京，敲响了相声演员的家门。但在门口就被委婉地拒绝了，这次也没说半句多余的话，就轻易放弃了。然后在浅草做了一名喜剧演员。

26 岁的时候，为自己找了个狗屁不通的理由：“东京简直不是人住的地方!”独自回到了根室。

但是，找不到工作，无奈之下只好自己做生意了。在东京做剧团演员时收入低、吃不上饭，时常去小酒吧打工。回根室后就开了这样的小酒吧。

此后 16 年，到我 42 岁，一直当小酒吧老板。包括钟点工在内，员工人数只有 5 名，全年销售额只有 3 000 万日元左右。

我想当相声演员，但却比普通人还胆小许多倍，心眼小又怕难为情。因为是服务业，要与客人交流，开个玩笑让客人高兴也是工作，但一说笑话，我的脸部就会僵硬，笑话也不让人好笑。一直到 40 岁都是这样。没有办法，在这 16 年中，几乎每一天，在上班前我都会硬着头皮喝上两杯酒。然后才敢去面对客人。其实我的酒量很小。

由于胆小谨慎、性格偏执，我的社交圈子极为狭窄。有时我意识到，甚至在家人面前，我都无法打开心扉。因为没有去处，内心寂寞，我只好一头扎进工作。没有智慧、没有能力，只好用拼命努力来弥补。

这种工作状态，也算是带着我个性的“不亚于任何人的努力”吧。连我自己都觉得，我的谨小慎微简直是异乎寻常，但也正因为如此，我才会全身心投入工作，并将这变成了一种习惯。

虽然按照我自己的方式拼命工作，但依然毫无进步。意识到这个现实，我又重新思考“在这个世界上，人为什么活着？”“工作的意义是什么？价值何在？”这是我在不懂事的青涩年代，时而产生的疑问。于是，我想是否能做点更有意义的工作，那是我 35 岁左右的时候。但是，仍然没有得出任何有价值的结论。

42 岁的时候从小酒吧转行，开始做旋转寿司。看到当地人排队等候吃旋转寿司，忽然灵光一闪“就是它了!”。

当时不知道为什么，我认定“根室人正期待着我的旋转寿司店开张呢”。农村没有家庭式餐厅，没有可以供家人团聚吃饭的地方。所以我决定把这个店做成“根室人自己的饭店”。

“请您给取个名字吧”我用夹在报刊中的广告传单征集店名，其中征得的一个名字便是“花丸”。起名者还附加了一句温馨的话，“希望更多的人能得到花丸”（花丸是学校对做对题的或作品好的学生加盖的圆形花瓣章。——译者注）。虽然是附加的话，但就我看来，这就是“动机至善，私心了无”，就是“纯粹的发自内心的热情”。

制作寿司我毫无经验，是个门外汉，什么都不懂，开始经营旋转寿司，只是照葫芦画瓢，所以不可能一帆风顺。业绩也没有预想的那么好，一切都只能勉强维持，但是因为思想纯粹，面对困难我并不畏怯，一路坚持了下来。

45 岁的时候，公司收到一个邮件 DM。是稻盛和夫的经营讲演集，共 32 卷的目录。一卷 5 千日元，共计 16 万日元。对我来说，这是很大的一笔钱。但不知什么缘故，我却向邮筒投递了购买单，不久收到了盒式磁带。

我简直就是疯了。在二层阁楼的办公室里摆放了盒式放音机，如饥似渴地听了起来。我已经无法离开，也不能工作了。从早上 9 点到半夜 12 点，甚至连厕所都不想上，跑着下楼，跑着上楼。吃饭也可有可无，一天天加大音量，看到我对放音机走火入魔，周围的人说“连招呼也不敢跟他打”“他着魔了，魂不附体了”。这种状态足足持续了一个多月。

“在这个世界上，人为什么活着？”“工作的意义是什么？”“究竟为什么要经营企业？”这样的疑问时时在我心底萦绕。因为长期以来，对这些问题看不透、想不通，所以我的事业才迟迟没有进步。正因为看不到人生的目的，人生前进的方向，所以只会原地踏步。我想这就是我从 30 岁到 45 岁期间的状况吧。

磁带中说的道理，对我来说，极端重要。它讲的是人生的根本、人的本质。“利己与利他”“本能与真我”，人生就是这两者之间的争斗。因此，提升心性、磨炼灵魂就是人生的目的。这样的论述逻辑性极强。

仿佛笼罩根室整个城市的浓雾一下子消散了，阳光照射到极远的远方。当时的那种感觉，至今记忆犹新。

从那个时候起，我最大的课题就是“无法让员工的心与我发生共鸣”。我想，原因在于我自己的心封闭而寂寞吧。

话又说回来，正因为我比别人软弱许多倍，才拼命投入工作。越是投入，越是在心底感觉到自己能力的缺乏，于是我对员工的要求就越来越严厉。

甚至有客人说“这店里有一种杀气”。如果只有我一个人拼命工作，而员工不肯打开心扉的话，那我的心是孤寂的。

在磁带中塾长说：“掌握人心没有诀窍，只有一起喝点酒什么的，彼此打开胸襟，才能求得别人的理解。”“没有钱的话，即便带筋牛肉也行，别的什么也行，一起吃火锅也行……”听到这话的一瞬间，我豁然开朗：“就用这个办法！”

晚上 9 点半，营业接近尾声，我马上跑下楼，喊道："今天我请大家吃火锅！"过去从来没跟大家一起吃过饭，没开过一次联谊会，突然说要请客。我们跑到超市，特意选了带筋牛肉，开始了火锅联谊会。

在某一盘磁带中，稻盛这么说："如果把公司比做人的身体，那么经营者就是头脑，就是心脏。脑子或心脏停止了，人就死了。"当时我想，话怎么能说得如此恶毒呢。但是，转念一想："啊！难道不是吗？经营者是不能随意休息的啊。"

从此以后我休息得越来越少了。我的"不亚于任何人的努力"更加彻底了。

第二年我就很快加入了盛和塾。哲学一点一点地渗入我的心里，我有一种被哲学洗脑似的感觉。

但是，有时会突然意识到我忘记了哲学，瞬间原形毕露。这时我会用力敲自己的头，骂道"你这个浑蛋！"这种情景屡有发生。当我认识到自己的行为与哲学背道而驰时，就觉得自己简直不是人，嫌恶自己，甚至想把自己的脸蒙起来。

哲学让我痛苦。有时它让我严格自律，有时它让我因内疚而丧失自信。就这么反反复复。但是，当我对哲学加深了理解，获得领悟的时候，仿佛找到了金矿一般，无比的欣喜。

我有时是借用塾长的话，但使用哲学的语言说话，一天天增加。哲学真的成了我人生的路标、经营的指针。

加入盛和塾第三年，我 49 岁的时候，期待已久的札幌店开张了。我本人亲自到札幌工作，以决胜负。2 年后，好事接二连三，适逢 JR 札幌火车站商业设施开业，我获得破格的优惠条件开店。这家店到现在已经营了 9 年，只有 60 个席位，每年营业额能接近 5 亿日元，是全国都极为少见的旺铺。

但是，这家店开业时我却很苦恼。

这个店的客人确实很多，我也可以直接指导。但是，原来的店我却顾不过来，不能像从前那样直接管理了。每开一家新店，我就在这家店店长的桌子旁边摆放一张我的桌子，作为我工作的地方。做到 5 个店、营业额 15 亿元时，我都是这么做，直接用我的想法指导店长。

札幌火车站的这个店虽然顺利开张，我亲自去管理，原有店的管理力量就不够了，让我非常担心。怎样才能统一员工的思想、发挥出大家的合力呢？想来想去，我有的只能是哲学。

于是，我用自己的语言去解释哲学，并把它做成书面资料，在早会、晚会上使用。这种哲学既不是高深的学问，也不是以势压人的东西，它只是为解决工作现场的问题找出线索，比如引起客人发火的问题、凡事找借口搪塞的问题、工作态度消极的问题，大半都是类似这样的内容。我从这种地方入手开始解释、运用哲学。

但是，要写成文章，这项工作很令我苦恼。自己觉得已经理解的哲学，却无法用语言来表达说明。为了写出让 P/A（钟点工）都能理解的文章，写了删，删了又写、上下文替换、一遍又一遍地推敲琢磨，有时三天只写了一行。

两页 A4 的哲学解读文章，2 年时间写了 300 篇。虽然花费了我大量的时间，但是现在回过头来看，它是我无可替代的珍宝。比起这 300 篇文章，更重要的是写作的过程，就是对哲学进行分析的过程，它让我大大地加深了对哲学的理解。而这样的理解，又是我愈加醉心于哲学的一个过程。

在 10 篇、20 篇哲学解读文章完成的时候，我想到了把它作为研修的教材，将员工的思想统一起来。于是以五六个人为一组，开始了内容是 100%的哲学的研修。8 小时研修结束，因为我拼命讲解，累得筋疲力尽。研修结束后的联谊会气氛热烈，然后以卡拉 OK 热热闹闹的场面结束。这样大约坚持了 2 年时间。

在这个过程中，哲学迅速在员工中渗透。对员工进行的意识调查，几乎 100%的回答是“我公司的优势是哲学和理念”。另外，盛和塾的学员及朋友都说，“无论什么时候去清水先生的店，那里的员工干劲十足啊”“让大家那么拼命努力，你是怎样做到的呀”。这样，店铺增多了，销售额也稳步增长了。

但是，另一方面也有令人担心的事情。“不亚于任何人的努力！”我对自己这么说，也真的拼命干了。但是我的身边却缺乏左膀右臂式的人物，甚至连一个得力的经营干部都没有。如此下去公司不可能再有发展。

而且，对于销售额等数字目标，事实上我们并没有发自内心地认真去追求，似乎只要超过上一年就OK了。我觉得我们的经营还是很幼稚，很随意甚至马虎。因此，我有一种危机感。于是，在4年前，当有了6家店铺、销售额达到17亿日元的时候，我就揭示了企业的长期目标，销售额要做到100亿日元。

从这个时候起，我的工作重点转到如何设置组织机构、如何构建管理系统上，这是企业成长发展所必需的。哲学的学习我就交给了现场第一线的干部。

3年前，引入了阿米巴经营，我决心改变幼稚、马虎的经营方式，实行成熟的、严格的经营管理。2 年前，我又引进了人事考核制度。去年花了一年时间制作了哲学手册。这 3 年间，每月都在京瓷（KCMC）咨询顾问的指导下召开会议，全部精力都放在了新的管理系统的运行上。导入阿米巴新系统的真意没有在现场传达到位，所以，大家觉得只是增加了事务方面的工作量，只是为了运用好阿米巴方式而工作了。

为了迅速扩展店铺，2 年前，我第一次录用了一位大型餐厅出身的干部作为我的帮手。借助他的力量，去年一口气开了 4 家店，这样的快速开店，以前从未有过。以前总是一年开一个店或两年开一个店，根据人才培育和成长的情况慢慢开店。快速开店，就不得不起用尚不能胜任店长的员工当店领导了。而且，40% 的员工都是进公司不到一年的新人。这个情况很可怕。

经营变成了只把数字放在第一位。过去，我们的特色是活力和朝气，以及对客人的热情和亲切，这些现在反而淡化了。我辞退了那位我曾重用、并对其抱有很大期待的帮手。以前，我们的管理虽然幼稚甚至有点马虎，但公司像一家人，大家都有一体感。然而，在这近两年的时间里，这样的公司风气，好像被从门缝中吹进的一股逆风吹散了，曾经令人羡慕的、割也割不断的、大家都认同的全员团结奋斗的气氛一点一点地消失了。

哲学淡化的结果，发牢骚、鸣不平，各种怨言开始传到我的耳朵里。而仅在 5 年前，我曾为公司没有一个人抱怨而骄傲……

显然是我疏忽大意，并且过分急于求成了。

今年，我把经营的基本方针明确定为“将哲学放在正中心”。当然今年不会再开新店了。以去年完成的“花丸哲学”为基础，进行彻底的哲学渗透。

我们公司每年 11 月都要召开经营方针发表会，名为“朝气蓬勃大会”。一宿两天。今年包括钟点工在内近 500 名员工的 80%都出席了。全店休假，从远程来的，要租大客车从根室出发，在深夜里跑 8 小时。

这次“朝气蓬勃大会”与以往不同，几乎所有的时间都用在学习“花丸哲学”上，全体员工学习讨论。那种认真、那种热烈的讨论场面让我深为感动。有一个干部说“大家对哲学饥渴已久”，他话说出口的瞬间，许多人都高兴地点头，这给我留下了深刻的印象。

今年从每周的销售会议到经营会议，会议一开始全部以哲学体验发表作为开场白。店铺的早会每日都进行哲学的体验发表。

员工研修的内容也几乎都是哲学。员工两个月一次以哲学研修的形式进行学习。将店铺放假，包括钟点工在内，全员研修也都以哲学为主来进行。

以前曾被朋友们夸奖过：“让大家那么拼命努力，你是怎样做到的呀！”我一定要恢复那种局面。花丸一定要成为每位员工人生中引以为傲的花丸，无可替代的花丸。

接触塾长已经过去 14 年了。

回顾起来，我的人生因为自己心灵的脆弱，而想求助于哲学，用哲学来填补我心灵的空虚，或许是有点禁欲主义的生活方式。

进入盛和塾时营业额 1 亿 5 千万日元、员工 15 名左右，今年计划店铺达到 11 家，营业额 30 亿日元。员工包括钟点工在内已有 500 名，销售额增长了 20 倍，而利润率一直保持在 10%左右。

本来，我是如此胆小怕事，不可能从事如此规模的企业经营。然而我虽然脆弱，但作为经营者，在必须进行判断的瞬间，我会自己对自己讲哲学，就在这瞬间，使自己成了“铁人”。哲学在背后支撑我，在这个瞬间，自己就会变得很强大，从而有力地推进经营活动。

从开始经营公司到邂逅塾长前的 20 年，和进入盛和塾的 14 年，我的人生是两个完全不同的人生。命运给我一个极为胆小的性格，没有能耐，这样的故事本来绝对不应该发生在我的身上。

我为塾长的哲学深深着迷，仅仅因为这一点。参加塾长例会我都会怕生，不敢同别人讲话。但不知为什么，偏偏对塾长却不怕生。我只看着、学着塾长来经营公司。如此而已，岂有他哉。

我还只是走在半路上。经营过程中还会碰到很多的困难，会有很多迷惘，仍会痛苦。然而，我是幸福的。

14 年前我不知道人生的方向，14 年前我前进的路靠我的本能决定。大概是因为过去的自己太不成熟吧，对比之下，我感到现在的自己方向明确，态度坚定，我的内心非常幸福。

“人生的目的在于提升心性，磨炼灵魂”，这是塾长的教诲。它是我心灵的支柱，是我生存的目的。

进入盛和塾时的经营问答中，我对塾长说：“我想把销售额做到 100 亿日元。”现在我仍在苦苦奋斗。100 亿日元对于我来说，是很高很高的高山。但是，只有为达目标而历尽苦难的过程，才是我人生的目的，也才能够磨炼灵魂。

今天我所有的一切都由塾长赐予，我向塾长深表感谢！我的发言到此结束。谢谢大家！

对清水先生的塾长点评

依靠对哲学的执著和坚持不懈的努力，

使人生变得非同凡响。

灵魂要求的东西

我在听清水先生演讲时，一直在想：真会发生这样的事情吗？但是，这些事确实已经发生了，清水先生讲的是事实，但我听着仍觉得不可思议。

清水先生虽然是脸红恐惧症患者，但却很想成为相声演员。这一点让人感到费解。因为想当相声演员而去了东京。清水先生的灵魂大概附着了某种东西吧。可能正是因为他的性格胆小谨慎，所以内心深处的灵魂偏偏要让他反其道而行之，促使他去做与他性格完全相反的事情。

清水先生从东京回到北海道根室后，着了迷似的听我的盒式磁带。将磁带调到大音量且不分昼夜。我想这是你的灵魂执著地在寻求那样的东西吧。否则清水先生不会像有东西附体似的，整天沉迷于磁带的。

清水先生痴迷似的听我的磁带，不断地学习，一点点地将青少年时代的自己改变了。

令人吃惊的是，内向、胆小的清水先生却在 1998 年开始经营旋转寿司店了。想到根室没有旋转寿司店，想开一家让镇上的人们能够开心团圆吃饭的店，于是完全外行的清水先生便开始了旋转寿司的经营。

1998 年清水先生进入盛和塾开始学习，而他此后的故事可以说是令人难以置信，或者是一种难以用语言表达的经历。而清水先生是真心地学习哲学，正因为如此，后来的故事才让人感动，演讲才如此精彩。

你不断地增加店铺，不断地向前发展，在开始阶段学习哲学，与员工一起分享。不久，你想进一步扩大公司的规模，由于没有可以充当左膀右臂的人才，于是在两年前，你聘用了有大型餐饮工作经验的人来帮助你。与这位只依靠聪明头脑经营企业的人一起，在一年时间里开了四家店铺。这种快速扩展是以前没有经历过的。这样就发生了意想不到的问题。

“哲学淡化的结果，发牢骚、鸣不平，各种怨言开始传到我的耳朵里。而仅在 5 年前，我曾为公司没有一个人抱怨而骄傲……

显然是我疏忽大意，并且过分急于求成了。”

“今年，我把经营的基本方针明确为‘将哲学放在正中心’。当然今年不会再开新店了。以去年完成的‘花丸哲学’为基础，进行彻底的哲学渗透。”

你在演讲中是这样说的。而在最后你还说道：

“以前曾被朋友们夸奖过：‘让大家那么拼命努力，你是怎样做到的呀。’我一定要恢复那种局面。花丸一定要成为每位员工人生中引以为傲的花丸，无可替代的花丸。”

今天清水先生所说的话，我觉得非常的好，好到甚至可以用在学校教育方面。

以未来进行时来思考能力

我想你在孩童时代，是一个会被称做落后生的、性格温顺的人，按现在的话来说，也许就是一个该被欺负的孩子。我想类似你这样的孩子，变得屈从、性格扭曲都不足为奇。

但是，后来你遇到了哲学，接触到“人究竟为什么活着”这种做人的根本性问题，并对此进行反复深入的思考。于是，从这里开始，清水先生变得与以前的自己完全不同了。

对于清水先生灵魂深处的诉求，灵魂想要追求的事情，似乎上帝一直在做后盾，在帮助清水先生，于是才有了清水先生的今天。

我在《干法》一书中，以及过去当技术员的人生当中，都说过“要以未来进行时来思考能力”这样的话。

对于自己想做的事，不要因为现在做不到而设置界限，不要下定论说做不到。要相信“自己的能力是无限的”，自己设定的目标，在未来的某一时间一定会达到，并为此而不懈努力。

在这种情况下，最重要的就是哲学。只要你思考“该度过怎样的人生”并持续努力，就可以创造美好的人生。即使以前你认为做不到的，也一定会实现，自己原来无法想象的事情会在眼前展开。我一直对大家这么说。

清水先生想把30亿日元的销售额提高到100亿日元，为完成这个目标，当然还是员工最为重要。只要员工掌握了清水先生所说的“花丸哲学”，跟这样的员工一起坚持努力下去，我想一定会实现目标的。

在听你演讲的时候，我真的被你感动了。刚开始认识你时，我以为你是位有点懦弱、有些靠不住的寿司店老板。但是，听了你今天的演讲，我觉得你真的是一位非常优秀的人物。

清水先生的演讲让我感受到了人生的真谛，人是具有一切可能性的。任何人都有可以开启自己美好的人生。

我想今天听到清水先生演讲的在座各位也一定受到了鼓舞。

稻盛哲学在伊诚地产的实践

徐万刚

伊诚地产成立于2004年，主要从事二手房经纪业务，包括房屋买卖和租赁，也有部分新盘分销业务。8年多来，伊诚地产取得了超常规发展，已成为中国中西部地区房地产经纪行业的领头羊。目前，伊诚地产在成都、重庆两地共有240多家直营门店、4 000多名员工。房屋年交易量过万套。

接触稻盛哲学三年来，我收获很大。尤其是在公司践行稻盛哲学一年多来，公司内部发生了前所未有的变化。接下来，我将分四个阶段来分享我们践行稻盛哲学的感悟和收获。

一、初识稻盛哲学

记得我第一次接触稻盛哲学是在2009年。当时，一个偶然的机会，我阅读了《活法》这本书，其中的一段话让我豁然开朗。书中写道："劳动获得的喜悦是特别的喜悦，玩耍和趣味根本无法替代。聚精会神，孜孜不倦，克服艰辛后，达到目标时的成就感，世上没有哪种喜悦可以类比。工作占据人生最大的比重，如果不能在劳动中、在工作中获得充实感，那么，即使在别的方面找到快乐，最终我们仍然会感觉空虚和缺憾……不必脱离世俗，工作现场就是最好的磨炼灵魂的地方，工作本身就是最好的修行，每天认真工作就能塑造高尚的人格，就能获得幸福的人生。”

回想起1986年，从21岁开始工作以来，包括28岁创业以来，我都因未想明白人生的意义，所以总是不思进取，小富即安，贪图享乐，精神空虚。直到2004年，与志同道合的朋友一起创立伊诚地产之后，当我们持续不断地、非常认真地投入工作之中时，才真正从中找到了乐趣。两年后偶遇原来的玩友，他问我：“看你这么拼命工作，累不累啊？”我回答说：“我真的不觉得累，我很充实，很开心。”还有一次，就是2007年的时候，我曾经去参加过一次心灵成长培训，我发现当时一起上课的大多数学员们在课堂上练静心、禅修时感觉都好极了，仿佛一下子拥有了心灵上的寄托，可是当他们回到现实生活中却又表现出那么的乏力和迷茫。

而我这几年通过认真工作体验到的却是充实、兴奋、喜悦，还总觉得时间不够用，恨不得一天能有 25 小时。之前，尽管我有这些体验，但我并不知道工作和修行之间有什么关联，看了《活法》后才恍然大悟：我这样全身心地投入工作，与他们练静心、禅修在本质上是一样的，都是在修行。要说有什么不同，我觉得，参加心灵成长培训是要花钱的，而拼命工作是挣钱的。《活法》解开了我的困惑，让我明白了认真工作原来就是修行，能够塑造高尚的人格，能够获得幸福的人生。从此之后，我就更加坚定地、全身心地投入到每天的工作之中。

2010 年，我读了《干法》，启发很大，于是将书中精彩内容分享给公司的经理主管们，并说："谁想看这本书，我就送给谁，不过有个条件，那就是看完要写读后感。"结果有 200 多名经理报了名。之后，看了大家写的读后感，感觉每个人的收获都非常大，但收获点比较零碎，没有系统性。

二、系统化集体学习稻盛哲学

2011 年 9 月，经朋友介绍，我报名加入盛和塾，并参加了广州报告会，接着又参加了大连报告会。现场聆听了稻盛塾长的教诲以及塾生们的精彩分享，我心潮澎湃，热血沸腾，心中生起一个非常强烈的念头——我终于找到了组织！通过学习，我确定了经营企业的首要目的就是追求全体员工物质与精神两方面的幸福。

2011 年 11 月 1 日，一个值得纪念的日子，我公司召开了学习稻盛经营哲学的启动会。从此之后，通过组织公司干部集体学习稻盛塾长著作、走出去（外出考察学习）、请进来（邀请专家学者到公司讲课）等多种方式，我们开始了稻盛哲学的系统化学习之路。

首先，是学习《活法》，500 名干部一人发一本书，然后每周以部门为单位组织集体学习，每周学习一章内容。为了达到更好的学习效果，在正式启动集体学习之前，我还专门将其中一章的内容朗读了一遍，测算需要多长时间。结果经计时需50分钟左右，于是我发通知要求大家每周集体学习时，先轮流朗读该章内容，再分享、讨论至少30分钟，最后评出本周学习之星，并颁发小奖品。我这么做，是担心大家不认真学习，于是规定了最少学习时间并采取了一点小小的激励措施。事实证明，自己的担心完全是多余的，同事们学习的积极性远超过了我的预想。为了获得更好的学习效果，我要求大家都在上班时间集体学习，不要占用大家的休息时间。但是，很多同事都事先在家自学一遍，再参加集体学习，分享时间也远超规定的最少半小时，经常是大家讨论一来劲就用了一两个小时。为了和大家一起学得更好，我也会事先自学一遍，然后和业务部门总监集体学习一遍，再和职能部门总监学一遍，还要和几个直管的部门经理一起学一遍。公司的这次学习，我总共学习了四遍，加上2009年学习的那一遍，以及后来成都盛和塾组织学习的一遍，至此我一共学习了六遍《活法》。每次学习，都有新的感受和收获。

通过这次学习，我们发现集体读书的效果要比个人自学的效果强很多倍。主要原因是通过大家的分享、讨论，在思想上会产生碰撞和共鸣，从而达成共识，统一思想。除了干部集体学习之外，我们还要求在每天的各区域（部门）晨会上，由主持人分享本周学习《活法》的体会和收获。每天都通过这种方式向全体员工传播稻盛哲学。为了激发大家的学习热情，我们各区域每周还要评选出一个《活法》最佳分享奖。八周之后，我们还举办了一场《活法》学习标杆演讲比赛，通过初赛、复赛和决赛，最终评选出了 8 名学习标杆，决赛冠军还获得了稻盛塾长“六项精进”陶瓷画一幅。

采用同样的方法，我们学习了《干法》、《阿米巴经营模式》、《稻盛和夫的实学：阿米巴经营的基础》。下半年，我们还对《活法》、《干法》、《实学》进行了第二轮学习，并提炼出了稻盛经典语录 28 条，制定了运用会计七原则的行动方案等。我感受到了同事们思想上的变化，他们对稻盛哲学的接受度比我预计的还要好，再次验证了人心向善！现在，“敬天爱人”、“作为人，何谓正确？”、“利他”、“反省”、“付出不亚于任何人的努力”、“磨炼灵魂”、“完美主义”、“一一对应”等词语已成了大家的口头禅。我们的团队发生了如此大的变化，我深感欣慰！

在这个学习过程中，我还不断地将稻盛塾长书中深有感悟的经典语句编写成“稻盛之活法”，通过短信和微博，每周一次地分享给同事们及朋友们。编写及发送短信，每周都要花费我 2 小时以上时间。因为发送的人数过多，移动通信公司时常屏蔽掉我的短信，所以每次我都特别担心大家能否收到我用心编写的短信，这事让我有些郁闷，最后不得不改用短信平台，可是送达率仍然没保障。但我感受更深的是，每周编写及发送“稻盛之活法”，不仅对别人有帮助，而且编写过程本身又让我进一步领悟了稻盛哲学的精髓。

2011 年 12 月，我带领公司 18 名高管到上海参加了“稻盛和夫经营团队研修班”的培训。这是一门复制日本京瓷培养团队“如何打造经营性人才”的课程，是国内首次举办的稻盛经营哲学落地化的课程。这一次，我们较系统地学习了稻盛经营哲学，收获很大，这促使我们改变了公司的经营理念。

三、改变经营理念

参加上海这次培训的最后一天，我们 18 名高管经过充分讨论，一致同意将公司的使命做出修改。公司原来的使命如下。

对客户：提供安全透明、方便快捷的服务。

对员工：搭建持续成长、实现梦想的平台。

对社会：引领行业健康、规范发展。

修改之后变成以下内容。

对员工：搭建持续成长、实现梦想的平台。

对客户：提供安全透明、方便快捷的服务。

对社会：引领行业健康、规范发展。

看似只调整了一下顺序，但却反映了我们经营理念的重大改变。回到公司后，为了践行稻盛哲学，我们决定将在此次培训中深刻领悟的“利他”和“反省”这两大精髓应用到实际工作中，倡导全体员工每天做一件利他的事，并每天反省。为了让大家真正落实到行动中，还要求全体员工在每天下班前写的工作总结中增加“利他事例”和“每日反省”两项内容，同时上级还要批阅和点评。经过一年多的实践，取得了较明显的成效，同事们之间相互关爱的行为比以前更多了，利他之花不断绽放，团队氛围日益融洽。此外，我们重新修改了员工满意度调查表的内容，并将调查周期由每半年一次调整为一季度一次，同时还将员工满意度评分纳入区域经理以上干部的绩效考核指标，有效地促进了各级领导将提高员工满意度变成日常行为。

2011 年，在调控政策的影响下，房地产经纪行业出现了普遍亏损的情况。在成都，2011 年二手房交易量同比下降 31.3%，业内各公司平均减员高达约 40%，这其中的大部分人员是因市场低迷而选择转行。尤其是从 2011 年 11 月起至 2012 年春节前，这两三个月是最艰难的时期，但是，我公司在这段时间的人员流动率却创造了公司创立七年多来的历史最低纪录。这太出乎我的意料了！我左思右想，得出结论：这大概和践行稻盛哲学有不小的关系吧！

从 2011 年下半年以来，因二手房市场持续低迷，为了增加收入，我们开始做新盘分销业务，业绩随之增长较大，但因开发商结算佣金时间较长，我公司的现金流每月都在减少。作为经营者，我感受到了很大压力，而且预计未来市场会继续低迷一段时间。此刻，我才真正感受到“水库式经营”的重要性。为了度过这个冬天，公司面临的选择是：关店裁员以缩减支出，还是借钱以保现金流不出问题？经过与公司其他三个股东多次协商后，我们达成一致，决定增资。2012 年 1 月，在我家人的支持下，将家里的商铺售出，然后和其他股东一道共同增资了 2 400 万元。尽管此时我们的经营压力很大，但我们增资后做出的第一个决定就是给一线基层员工加薪。例如，将见习经纪人的保障底薪由 1 200 元增加到 1 500 元。因为本次未做到全员加薪，所以我在写给全体员工的加薪通知中特地说道："2011 年的行业状况及公司的经营结果致使本次加薪未能做到全员加薪，辜负了大家的期望，身为总经理我深感自责，作为股东我深感心有余而力不足，在此恳请大家理解！我牢记去年我写下的 101 个目标之一：在 2012 年，通过提升人均营业收入，使伊诚员工平均收入同比增长 20%。为实现这个目标，我将更加努力工作。"在很多同行关店减员的情况下，我们的加薪举措极大地增强了员工们的信心，并激发了他们的士气。非常幸运的是，春节后市场交易量出现了显著回升，我们全体员工斗志昂扬、持续拼搏，连续两个月打破公司历史最高业绩纪录，市场占有率大幅上升，取得了令同行吃惊的业绩！这恰好印证了稻盛塾长在《坚守底线》中的一段话："在周围一片悲观的气氛中孤军奋战，持续付出不亚于任何人的努力。这样做的企业，到形势好转时，与一般企业就会拉开很大的距离。"随着业绩的回升，一线员工的收入显著增长，但二线员工的收入相对就偏低了，所以公司从2012年4月起较大幅度地提高了二线员工薪酬待遇。

2012年3月，有幸参加了"中国经营者稻盛哲学日本游学团"。在9天的行程中，我们先后考察学习了日航、松山芭蕾舞团、静冈软件设计企业、中江藤树纪念馆、京瓷经营研究所、京瓷本社、盛和塾本部、豫洲短板株式会社、神户大学等单位，还与盛和塾东京分塾、京都分塾和大阪分塾的塾生们进行了亲切交流。此行让我们再一次近距离地感受到了稻盛哲学的强大影响力。尤其是盛和塾本部诸桥先生讲解"追求全体员工物质与精神两方面幸福"的经营理念，让我收获巨大。他举了两个例子来形容公司与员工之间的关系，他说："如果你有两个孩子，都在上学，都很努力，一个成绩好，另一个成绩差，那么你给成绩好的那个孩子的零花钱就多些，给差的那个孩子的零花钱就少些吗？”他还举例说：“如果你的孩子身体残疾，不能为家庭创造价值、贡献力量，难道你会把他抛弃掉吗？所以，只要员工在努力工作，哪怕他的能力差些、绩效不好，也请你一定要支持他，不要淘汰他。”听到此，我情不自禁，潸然泪下！此时，我内心深处有一种罪恶感，感觉自己做了很多对不起员工的事！过去我们借鉴西方的末位淘汰制度，还自认为是公司过去几年高速发展的法宝之一呢。诸桥先生的一席话，犹如醍醐灌顶，瞬间颠覆了我的故有信念，唤醒了我内在的良知！我终于明白了什么是“大家族主义”，什么是“没有血缘关系的家族企业”，这不正是自己内心所渴望的东西吗？之前我还自以为是地认为我们几年来着力塑造的企业文化与稻盛哲学比较接近，现在才知道差距有多大！我终于清楚了今后公司的发展方向，只要有了明确的方向，就不怕路远。此时，我内心充满了喜悦和希望！这就是我此次日本之行的最大收获。

回到公司几天之后，我就在公司3 000人的全员大会上，宣布了废除业绩淘汰制度的决定，我对大家说："只要员工价值观符合要求、工作努力，哪怕能力不强、业绩不好，公司都永远支持他、绝不淘汰他！"同时，我们还将公司的"孝顺金"扩大到了工作满两年的基层员工层面（"孝顺金"制度说明：我公司以20多岁的年轻人为主，为了倡导孝文化，公司根据员工的级别或工龄每月给员工父母发200元至500元不等的工资，刚开始时仅经理主管享受孝顺金），在"追求全体员工物质与精神两方面幸福"方面，又迈出了一小步。

2012年6月，我带领公司30位中高层参加了稻盛和夫经营哲学重庆报告会，并很荣幸地作为塾生代表之一在报告会上做了发言。当天中午，与稻盛塾长共进午餐时，塾长对我说的第一句话就是"你今天的发言，也让远道而来的200多位日本企业家很感动！"听到此话，我深受鼓舞！7月，我再次赴日学习，参加了在横滨举行的有 4 000 名塾生参会的盛和塾世界大会。通过这次日本之行，我更加确信了我们践行稻盛哲学之路是正确的。

四、推行阿米巴经营

2012 年 5 月，我开始在公司推行阿米巴经营。我们的一个门店（店组）天然就是一个阿米巴，不需要进行组织划分，也几乎不需要内部交易及定价，因此，较其他行业要简单很多。于是，我们就根据塾长书中所讲及从日本塾生企业得到的资料，设计出了我公司的《阿米巴经营核算表》。同时，还提炼出了推动阿米巴运行的四步法，即第一步，制定年（月）度经营计划；第二步，分阶段落实进度目标；第三步，召开阿米巴经营月度发表会；第四步，表彰先进团队。我们首先在 10 个门店试点，经过 3 个月的摸索，完善了相应的制度、规则、报表等。从 8 月起，我们正式在全公司范围内推行阿米巴经营。

在阿米巴经营运行的过程中，我还参加了京瓷阿米巴管理顾问（上海）公司举办的中国首届阿米巴经营研修班。通过学习，我发现我们目前推行的阿米巴经营模式在大方向上是没有问题的，但也有不少地方需要改进。例如，通过学习，我们开始对亏损门店进行专项扭亏管理；将租赁业务独立出来，单独核算，等等。我相信，随着这些措施的不断实行，公司经营质量将持续提升，并将创造高收益。

践行稻盛哲学和阿米巴经营一年多来，公司发生了较大变化，主要体现在以下几个方面。第一，员工满意度显著提高。员工流失率由过去的 15%以上降低到目前的不到 7%，员工满意度调查得分（Q12）由今年第一季度的 4.01 分提高到第三季度的 4.12 分（注：第四季度的调查得分还未出结果）；第二，公司规模显著扩大。一年来，公司门店数量由 179 家（含重庆分公司）发展到 249 家，员工人数由 3 100 余人发展到 4 500 余人。第三，经营状况显著改善。2011 年公司略微亏损，2012 年公司营业收入预计增长约 50%，利润率约 8%。

经过三年多的不断学习，我完全彻底地认同和接受了稻盛哲学。我相信，以“敬天爱人”为核心的稻盛哲学，一定能够激发更多人良知的力量，必将产生更强大的感召力和凝聚力，帮助我们战胜前进道路上的任何艰难与险阻，创造惊人奇迹。通过践行稻盛经营哲学，伊诚地产必将登上行业顶峰，全体伊诚人在物质回报和精神追求两方面都将获得显著超越同行的丰硕成果，并引领行业健康、规范发展。这就是我生命中所追求的最重要的东西，这也正符合伊诚地产的使命。

以上是我们践行稻盛哲学的一些经验分享，因为沉淀时间太短，分享给大家的内容有不当之处，请大家多多指教。

最后，我要万分感谢稻盛塾长！是他的哲学思想帮我厘清了人生的方向！

反侵权盗版声明

举报电话：（010）88254396；（010）88258888

传　　真：（010）88254397

E-mail:　　dbqq@phei.com.cn

通信地址：北京市万寿路 173 信箱

　　　　　电子工业出版社总编办公室

邮　　编：100036

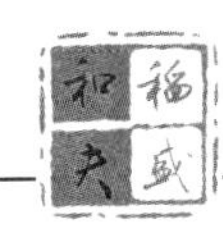

稻盛和夫经营研究中心成员申请表

1983 年京都一部分青年企业家希望稻盛先生向他们传授经营知识和经营思想,自发组织了“盛友塾”,不久改名为“盛和塾”,取事业隆盛的“盛”、人德和合的“和”两个字,又恰与“稻盛和夫”名字中间两字相一致。

“盛友塾”刚成立时只有 25 名会员,现在“盛和塾”已发展到 100 多个分塾,除日本外,中国、美国、巴西、新加坡等都有了分塾,塾生总数已超过 15 000 名。自 2010 年起,稻盛和夫北京公司作为中国管理总部,在中国各地设立稻盛和夫经营研究中心(同日本盛和塾),目前已有 34 家地区分塾或筹备处,塾生数量近 8 000 人。

“盛和塾”成立 30 多年以来,不仅会员人数不断增加,学习质量也不断提高。其中有 100 多位塾生,他们企业的股票已先后上市。这么多的企业家,这么长的时间内,追随稻盛和夫这个人,把他作为自己经营和人生的楷模,这一现象,古今中外十分罕见。

一、成员申请资格:

- 在中国注册,守法经营的营利或非营利组织的经营班子成员
- 愿意学习、研究、实践稻盛经营哲学,赞同提高心性、拓展经营这一基本原则

二、成员权利与义务:

- 参加会员活动,学习稻盛经营哲学,探讨和解决经营中的难题
- 优惠参加盛和塾企业经营报告会
- 优惠参加稻盛经营哲学相关的培训活动,提升团队综合素质
- 获得稻盛和夫经营研究中心通讯录,与中国塾生交流互动
- 获得全年共四期的《稻盛和夫经营研究》专业杂志
- 拥有“盛和塾学习网站”会员账号,互动交流稻盛经营哲学修行心得
- 优惠参观日本游学活动,参观京瓷公司、KDDI 公司、日本航空公司等知名企业,以及国内外贯彻稻盛经营哲学、实施阿米巴经营的优秀企业
- 学习突出者可获得在盛和塾企业经营报告会中做经营发表的资格

三、联系方式:

报名地址:北京市海淀区交大东路 31 号院 B 座　100044

报名电话:010-87576010　87576327　传真:010-87576011

邮件:Shengheshu@daoshenghefu.com

注:为了严格审核入会者资格,从 2013 年起申请入会者除了要提交会员申请表以外,还需提交所在公司的营业执照副本复印件、在职证明(加盖公司公章)、身份证复印件这三证(电子版和纸质均可)。

稻盛和夫经营研究中心成员申请书

日期　　　年　　月　　日

彩照（1寸免冠）	拼音 ■姓名	■会员编号 *本部填写

■出生日期　年　月　日　男·女	■宅电 TEL
	■宅电 FAX
■家庭地址	
拼音	■公司 TEL
■公司名称	■公司 FAX
■职务	■手机
■公司主页 http://	■E-mail
	■联系方式　FAX ○　E-mail ○
■公司地址	
■所属行业，主要产品	
■年销售额________元　■员工人数_____人　■ 上市企业 ○ 非上市企业 ○	
■个人简历	■对稻盛理事长最想说的一句话、自我介绍等

理事长	分塾负责人	分塾负责人	分塾负责人	管理总部

*参加盛和塾时，有些分塾可能要进行面试，满足条件后才能加入。
*为统一学习水平，请参加者事先至少读一本有关稻盛和夫的著作。